大学入試

ゼロから覚醒Next フレームで読み解く現代文

スタディサプリ講師
柳生好之

かんき出版

はじめに　「思考力」のカギはフレームワーク

数ある参考書の中からこの本を手に取ってくれたみなさん、どうもありがとうございます。

僕は日本最大のオンライン予備校「スタディサプリ」で現代文講師をしている柳生好之といいます。

前作『**ゼロから覚醒　はじめよう現代文**』は、「苦手な現代文をどうにかして克服したい」「現代文から逃げ回る人生を変えたい」と願っている多くの受験生に読んでもらうことができました。

前作は、何を勉強すればできるようになるのかがあいまいだった「現代文」という科目の正体をハッキリさせ、「現代文」という科目に対する見方そのものを変えることで、

みなさんの読解力を覚醒させる

ことを目的として執筆しました。その目的を達成することができて、多くの受験生のお力になれたことは、著者として喜びの極みです。

そして今回は、現代文という科目の正体がわかったことによって「覚醒した」みなさんが、さらに現代文を得意にして、現代文を得点源にできるような本を書こうと思いました。

本書の目的も、あいまいなものの正体をハッキリさせて、みなさんの見方そのものを変えることにありま

す。今回の本で正体をハッキリさせたいもの。それは、近年の大学入試で重視されるようになってきている**「思考力」**です。

この「思考力」とは、一体どのような力なのでしょうか？

2022年度から実施される高等学校の「学習指導要領」では、基本的な考え方の一つとして、「知識・技能の習得と思考力・判断力・表現力等の育成のバランスを重視」することが挙げられています。

ここから考えていくと、**基礎的な知識や技能を身につけているだけでなく、それらを活用して課題を解決するためには思考力・判断力・表現力が必要である**ということが見えてきます。

これを大学入試の現代文にあてはめて考えていきましょう。

まず、基礎的な知識や技能というのは「漢字・語彙」および「文法・レトリック」などを指すと考えることができそうです。前作を読んでくださった方は、「文法・レトリック」の重要性を十分に理解していただけたと思います。

そして、現代文では、それらの知識や技能を使って、目の前にある課題文や問題に対応していくことが求められます。課題文を根拠として、正しい答えを導き出すために、「思考力・判断力・表現力」が必要なのですね。

この中でも特にあいまいなとらえ方をされているのが**「思考力」**ではないでしょうか？　なんとなく、〝自分の頭でしっかり考えること〟のように思われていて、正体がハッキリしません。

本書では、このようなあいまいなとらえ方をされてきた「思考力」を、**「フレームワーク＝思考の型」**という具体的なカタチで示しました。

「フレームワーク」とは、**「考えるべきポイントをパターンとして落とし込み、誰でも論理的に考えることができるようにしたもの」**です。

現在、世界中で課題解決において最も多く用いられているのが、この「フレームワーク」なのです。目の前の課題を漠然と眺めていても、その課題を解決することはできません。それは現代文でも同じで、課題文をなんとなく読んでいても、頭に入ってこないし、内容がうまくつかめませんね。

たとえば、本書の第1章では、立教大学の入試問題を取り上げています。一見読みやすそうな文章なのですが、なんとなく読んでいるだけだと課題文の内容がうまくつかめず、問題に正解することができません。

しかし、第1章で紹介している**「『否定』のフレームワーク」**を使って整理すれば、課題文がこんなにも読みやすくなり、正解も判断しやすくなります。

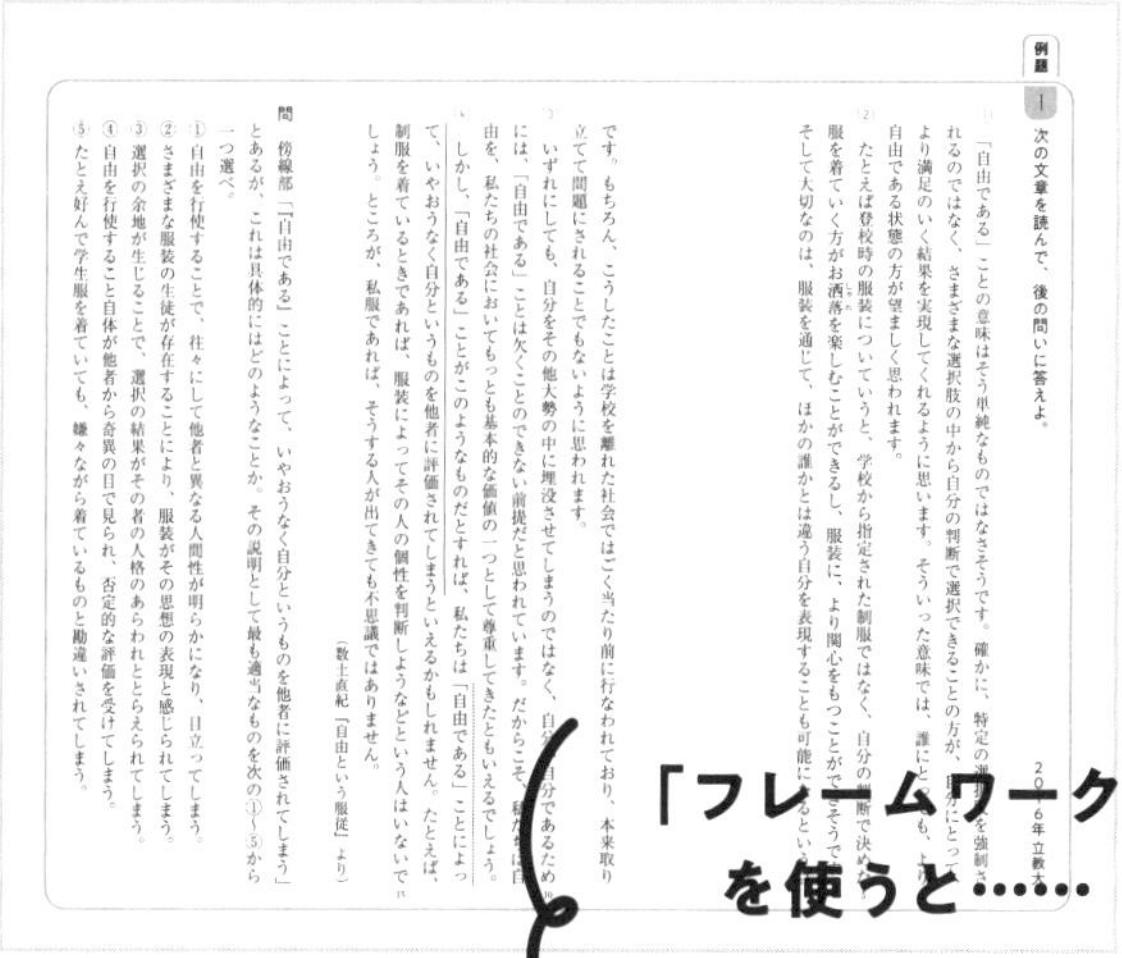

例題 1 次の文章を読んで、後の問いに答えよ。

(1) 「自由である」ことの意味はそう単純なものではなさそうです。確かに、特定の選択肢を強制されるのではなく、さまざまな選択肢の中から自分の判断で選択できることの方が、自分にとって、より満足のいく結果を実現してくれるように思います。そういった意味では、誰にとっても、より自由である状態の方が望ましく思われます。

(2) たとえば登校時の服装についていうと、学校から指定された制服ではなく、自分の判断で決めた服を着ていく方がお洒落《しゃれ》を楽しむことができるし、服装に、より関心をもつことができそうです。そして大切なのは、服装を通じて、ほかの誰かとは違う自分を表現することも可能になるという点です。もちろん、こうしたことは学校を離れた社会ではごく当たり前に行なわれており、本来取り立てて問題にされることでもないように思われます。

(3) いずれにしても、自分をその他大勢の中に埋没させてしまうのではなく、自分が自分であるためには、「自由である」ことは欠くことのできない前提だと思われています。だからこそ、私たちは自由を、私たちの社会においてもっとも基本的な価値の一つとして尊重してきたともいえるでしょう。

(4) しかし、「自由である」ことがこのようなものだとすれば、私たちは「自由である」ことによって、いやおうなく自分というものを他者に評価されてしまうといえるかもしれません。たとえば、制服を着ているときであれば、服装によってその人の個性を判断しようなどという人はいないでしょう。ところが、私服であれば、そうする人が出てきても不思議ではありません。

（数土直紀『自由という服従』より）

（2016年立教大）

問 傍線部「『自由である』ことによって、いやおうなく自分というものを他者に評価されてしまう」とあるが、これは具体的にはどのようなことか。その説明として最も適当なものを次の①〜⑤から一つ選べ。

① 自由を行使することで、往々にして他者と異なる人間性が明らかになり、目立ってしまう。
② さまざまな服装の生徒が存在することにより、服装がその思想の表現と感じられてしまう。
③ 選択の余地が生じることで、選択の結果がその者の人格のあらわれととらえられてしまう。
④ 自由を行使すること自体が他者から奇異の目で見られ、否定的な評価を受けてしまう。
⑤ たとえ好んで学生服を着ていても、嫌々ながら着ているものと勘違いされてしまう。

「フレームワーク」を使うと……

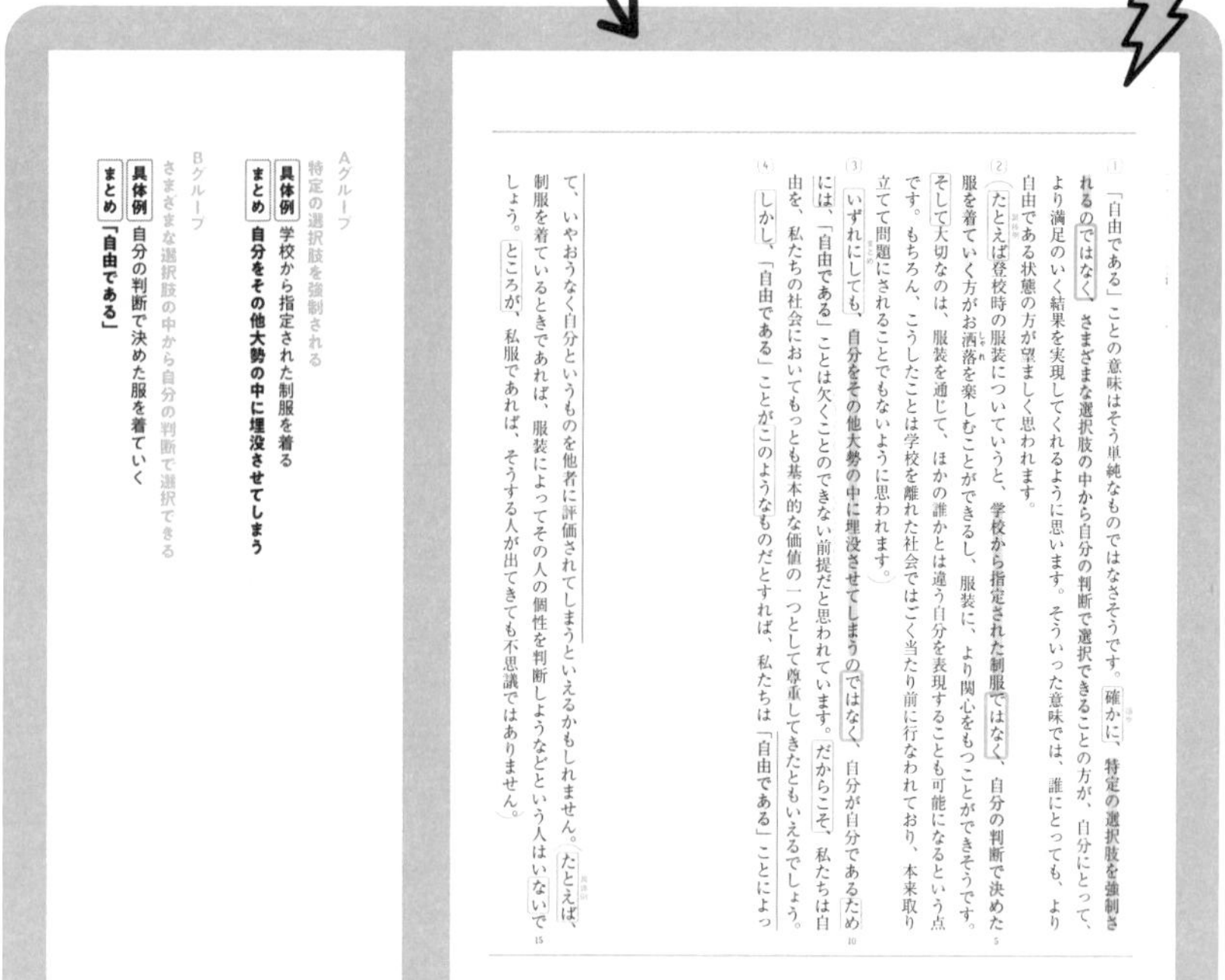

Aグループ
特定の選択肢を強制される
具体例 学校から指定された制服を着る
まとめ 自分をその他大勢の中に埋没させてしまう
Bグループ
さまざまな選択肢の中から自分の判断で選択できる
具体例 自分の判断で決めた服を着ていく
まとめ 「自由である」

大学入試現代文の課題文はどんどん長文化し、問題も難しくなってきています。制限時間内に正解を判断するためには「**フレームワーク**」という考え方が非常に有効です。目の前の課題文がどのような型で書かれているのかを見抜いて、論理的に内容をつかむのです。考えることの出発点はここにあります。

本書では、「思考力」として必要とされているものをより鮮明に見ることができるように、九つの名前を与えました。この九つの「**フレームワーク**」を使いこなすことによって、みなさんの目の前に広がる文章の世界が変わります。まさに「**言語で世界を変える**」のです。

この本でみなさんの思考力を覚醒させます。

それではみなさん、ともに偉大な歩みを続けていきましょう。

9つのフレームで世界が変わる！

「型《フレーム》」を手に入れて、
考えるための武器にする！

「型《フレーム》」を活用して、
文章のカタチを見抜く！

「型《フレーム》」を使いこなして、
最短で正解を導き出す！

CONTENTS

「ゼロから覚醒Nextフレームで読み解く現代文」もくじ

本書の特長と使い方

本書は、現代文の読解に必要な「思考力」を九つの「フレームワーク」に分類した本です。「フレームワーク」という武器を自分のものにするために、ひとつずつ学習を進めましょう。収録している「例題」と「実践問題」は、大学入試問題からの抜粋です。中には難関私大の問題も含まれていますが、「フレーム」を使えば、必ず読み解くことができます。

本書をすべて読み終えたときには、思考力が「覚醒」して、文章の見え方が大きく変わっているはずです。

1 例題で理解する

例題 3

次の文章を読んで、後の問いに答えよ。

2020年 國學院大

カメラを被写体に向けさえすれば、とりあえずどんな映画でも撮れる実写映画とは異なり、アニメーション映画は被写体をふくめて、すべてを一からつくりださなければならない映画である。それゆえ一般に製作時間と製作費が実写映画にくらべて余計にかかることになっている。そのためアニメーション映画では、その主要素たるキャラクターを映画館外で商品化し、その人気と売り上げによって製作費の回収をはかり利益をあげるという商慣習が一般的である。その意味でアニメーション映画はまずキャラクターありきの表象世界という傾向が強い（多くの高予算実写映画においてスターが強調される現象と似ていなくもない）。したがってアニメーション映画においては一般に主要登場人物（擬人化された動物やロボットをふくむ）を中心にフレーミングや画面構成がおこなわれること

2 実践問題で確認する

実践問題 3 次の文章を読んで、後の問いに答えよ。

2018年立教大

①正しいかどうかについて多くの人が気にするものの一つに敬語表現がある。相手に食べるように勧めて「いただいてください」と言ったら、誤りだろうか。「いただいてくださいは誤り」で、「召し上がってくださいと言わなければならない」とするのが模範解答だろう。では、「いただいてください」は日本語の敬語としてはまったくの誤りで使ってはいけないものなのだろうか。

②「いただく」は謙譲語で、動作主のへりくだりを表す。「召し上がる」は尊敬語で、動作主に対する敬意を表す。説明されなくてもそんなことはとうにご存じかもしれない。近年の国語教育では少しずつ変わってきているが、敬語を尊敬語と謙譲語の対に丁寧語を加えて説明することは今でも行

3 覚醒ポイントで身につける

覚醒ポイント

まずは、主張の「飛躍」している部分を見つける。その後、「四つのフレーム」を意識して根拠をつかもう。

覚醒Check!

前作『ゼロから覚醒 はじめよう現代文』で学んだ内容には、覚醒Check!がついています。学んだことを思い出しながら読んでいくと、さらに効果が上がります。

第1章

「否定」のフレームワーク

「でない」は、世界を分ける

大学入試の現代文には**「AではなくB」**というカタチがよく出てきます。そして、このカタチは、文章を読んで問題を解くときの大事なポイントの一つになります。一体どうしてでしょうか。

それは、**「でない」という言葉が、世界を「分ける」働きを持っているから**です。

たとえば、「生物」という言葉があります。

そして、「イヌ」も「ネコ」も、「生物」と呼ぶことができますね。つまり、「生物」という言葉は一つの集合（グループ）を作っていて、生きているものであれば色や形が異なっても、その中に入れられるということです。**言葉は集合（グループ）を作り出す働きをしているのですね。**

今度は、「生物」という言葉に「**でない**」をつけてみましょう。すると、世界は「生物」と「生物でないもの」に分けられます。この、「でないもの」の方を「補集合」と言います。

言葉によってものを説明するときは、こちらは「A」、あちらは「Aでないもの」というように、グループ分け（分類）をしていくことになります。

たとえば、「同じ四本足でも、イヌは生物であるが、イスは生物でない」というようにグループ分けをしていけば、「イヌ」と「イス」の違いがわかってきますよね。

文章の中で「**でない**」が使われている場合には、**「A」と「Aでないもの」を明確に区別しながら、それぞれの違いをつかむ**ことが必要です。

そして、多くの場合、「**Aではない**」の後には、「**Bである**」という反対の言葉が続きます。

たとえば、先ほどの例の場合には、「イスは生物**ではなく**無生物である」などと説明します。「無生物」とは、簡単に言えば「生きていないモノ」のことですが、「生物**ではなく**」とあることから、「生物」と反対の関係にあることがわかりますね。

筆者は言いたいことを説明するために、このように「**Aグループ**」と「**Bグループ**」に分けて、その違いを明らかにします。

ですから、「**AではなくB**」というカタチがよく出てくるのです。

「でない」によって分けられた「A」と「Aでないもの」の違いをつかむ。

それでは、次の **例題** で、「**でない**」が使われている文章を読んで問題を解いてみましょう。

例題 1 次の文章を読んで、後の問いに答えよ。 2016年 立教大

① 「自由である」ことの意味はそう単純なものではなさそうです。確かに、特定の選択肢を強制されるのではなく、さまざまな選択肢の中から自分の判断で選択できることの方が、自分にとって、より満足のいく結果を実現してくれるように思います。そういった意味では、誰にとっても、より自由である状態の方が望ましく思われます。

② たとえば登校時の服装についていうと、学校から指定された制服ではなく、自分の判断で決めた服を着ていく方がお洒落《しゃれ》を楽しむことができるし、服装に、より関心をもつことができそうです。そして大切なのは、服装を通じて、ほかの誰かとは違う自分を表現することも可能になるという点

です。もちろん、こうしたことは学校を離れた社会ではごく当たり前に行なわれており、本来取り立てて問題にされることでもないように思われます。

③ いずれにしても、自分をその他大勢の中に埋没させてしまうのではなく、自分が自分であるためには、「自由である」ことは欠くことのできない前提だと思われています。だからこそ、私たちは自由を、私たちの社会においてもっとも基本的な価値の一つとして尊重してきたともいえるでしょう。

④ しかし、「自由である」ことがこのようなものだとすれば、私たちは「自由である」ことによって、いやおうなく自分というものを他者に評価されてしまうといえるかもしれません。たとえば、制服を着ているときであれば、服装によってその人の個性を判断しようなどという人はいないでしょう。ところが、私服であれば、そうする人が出てきても不思議ではありません。

（数土直紀『自由という服従』より）

問 傍線部「『自由である』ことによって、いやおうなく自分というものを他者に評価されてしまう」とあるが、これは具体的にはどのようなことか。その説明として最も適当なものを次の①～⑤から一つ選べ。

① 自由を行使することで、往々にして他者と異なる人間性が明らかになり、目立ってしまう。
② さまざまな服装の生徒が存在することにより、服装がその思想の表現と感じられてしまう。
③ 選択の余地が生じることで、選択の結果がその者の人格のあらわれととらえられてしまう。
④ 自由を行使すること自体が他者から奇異の目で見られ、否定的な評価を受けてしまう。
⑤ たとえ好んで学生服を着ていても、嫌々ながら着ているものと勘違いされてしまう。

読む

第1段落にさっそく「特定の選択肢を強制されるのではなく、さまざまな選択肢の中から自分の判断で選択できる」とあり、「**AではなくB**」のカタチが見つかりましたね。その後も同様に、「**AではなくB**」のカタチがたくさん続きます。

1 「自由である」ことの意味はそう単純なものではなさそうです。確かに、特定の選択肢を強制されるのではなく、さまざまな選択肢の中から自分の判断で選択できることの方が、自分にとって、より満足のいく結果を実現してくれるように思います。そういった意味では、誰にとっても、より自由である状態の方が望ましく思われます。

2 たとえば登校時の服装についていうと、学校から指定された制服ではなく、自分の判断で決めた服を着ていく方がお洒落《しゃれ》を楽しむことができるし、服装に、より関心をもつことができそうです。そして大切なのは、服装を通じて、ほかの誰かとは違う自分を表現することも可能になるという点です。もちろん、こうしたことは学校を離れた社会ではごく当たり前に行なわれており、本来取り立てて問題にされることでもないように思われます。

3 いずれにしても、自分をその他大勢の中に埋没させてしまうのではなく、自分が自分であるためには、「自由である」ことは欠くことのできない前提だと思われています。だからこそ、私たちは自由を、私たちの社会においてもっとも基本的な価値の一つとして尊重してきたともいえるでしょう。

4 しかし、「自由である」ことがこのようなものだとすれば、私たちは「自由である」ことによって、いやおうなく自分というものを他者に評価されてしまうといえるかもしれません。（具体例 たとえば、制服を着ているときであれば、服装によってその人の個性を判断しようなどという人はいないでしょう。ところが、私服であれば、そうする人が出てきても不思議ではありません。）

15

「AではなくB」に注目して、グループ分けをしてみましょう。

Aグループ
特定の選択肢を強制される
具体例 学校から指定された制服を着る
まとめ **自分をその他大勢の中に埋没させてしまう**

Bグループ
さまざまな選択肢の中から自分の判断で選択できる
具体例 自分の判断で決めた服を着ていく
まとめ **「自由である」**

このようにグループ分けしたことで、**筆者の主張**がよりはっきりとわかってきました。筆者は「A」ではなく「B」の方を「自由である」ことだと考えていますね。
これをもとに、問題を解いていきましょう。

解く

傍線部の内容を説明する問題です。「自由である」という言葉の意味が理解できていれば正解できます。

先ほどのグループ分けで確認したように、「自由である」こととは、「さまざまな選択肢の中から自分の判断で選択できる」ことです。具体例として「自分の判断で決めた服を着ていく」ことが挙げられていました。「自由である」ことは、「自分が自分である」という独自性にもつながっているということですね。

傍線部では、自分の判断で選択できるがゆえに、その判断の内容によって自分というものを他者に評価されてしまうということが述べられています。

正解は、③「選択の余地が生じることで、選択の結果がその者の人格のあらわれととらえられてしまう。」です。「自由である」ことを「さまざまな選択肢の中から自分の判断で選択できる」つまり、「選択の余地がある」と説明できている選択肢はこれしかありません。

他の選択肢を検討してみましょう。

①は「他者と異なる人間性が明らかになり、目立ってしまう」が誤りです。他者と異なるかどうかについては本文で説明されていませんでした。

②は「さまざまな服装の生徒が存在することにより」が誤りです。「さまざまな服装」は具体例に過ぎず、「選択の余地がある」ことを説明できていません。

④は「他者から奇異の目で見られ、否定的な評価を受けてしまう」が誤りです。本文にはこのような記述はありませんでした。

⑤は「嫌々ながら着ているものと勘違いされてしまう」が誤りです。これも本文に書かれていない内容ですね。

ちなみに、①と④には「自由を行使する」とありますが、「自由を行使する」ことがどのような意味であるかに言及できていません。説明が不十分であるという点でも、正解にはならないのです。

このように「でない」という否定のカタチに注意することによって、文章を「分ける」ことができます。**「わかる」ことは「分ける」ことから始まります。**

ぜひ「でない」を使いこなせるようになってください。

続いて、**実践問題**に取り組んでみましょう。

実践問題 1 次の文章を読んで、後の問いに答えよ。 2019年 東海大学

① たとえば、ヨチヨチ歩きの頃の自分が、チョウチョを追いかけて草原をうれしそうに歩き回っていたときに、子猫が目の前にひょっこり現れ、お互いにびっくりしてしばし見つめ合っていたが、突然泣き出して、猫もびっくりして逃げていったという※エピソードを記憶していたとする。このエピソードを思い出す際に、ヨチヨチぎこちなく歩き回っている自分の愛らしい姿や猫と見つめ合っているときの自分のキョトンとした表情、しばらくして泣き顔に移行するときの表情の変化などについてのイメージが浮かぶとする。そこまではっきりしたイメージがあるのだから、ほんとう

の記憶だと信じるのがふつうかもしれない。だが、ここでちょっと考えてみよう。自分自身のぎごちないヨチヨチ歩きの姿やキョトンとした表情、あるいは泣き顔に移行する表情の変化などは、いったいだれの視点から見られたものなのだろうか。自分自身の視点ではあり得ない。

② そうなると、そのイメージは、自分を観察している他者の視点から構成されていることになる。したがって、これは、本来自分自身が保持していた記憶ではなく、親などの自分を観察していた他者による語りをもとに[1]再構成された記憶なのではないかと考えざるを得ない。何度も聞いているうちに、そのイメージが定着し、自分自身の記憶と勘違いするほど身近なものとなっていく。

こうしてみると、自分の過去についての記憶には、個人の所有物というよりも、家族などの集団の構成員の共有物といった側面があるのかもしれない。一家団欒《らん》の場のような共同想起の場で持ち出され語られた個々の構成員の想起内容が、その場に居合わせた人たちの間で共有され、いつのまにか個々の構成員に自分自身が直接経験したものとして取り入れられ、その後の各個人の想起を方向づける。家族のような一体感を強く持ちがちな集団では、こうしたことが頻繁《ひんぱん》に起こっていると推測される。

③ でも、そうだからといって、その種の記憶に価値がないわけではない。[2]問題なのは、本人が自分のエピソードとして保持しているということである。ほんとうに自分が体験し直接記憶しているものでなくてもかまわないし、さらには実際にそんなエピソードがじつは存在しなかったということでもかまわない。本人が、とくにそのエピソードを自分のエピソードと信じ込み、記憶しているということが重要なのだ。

④ ※ライフ・スタイルというものを重視する※個人心理学を提唱したアドラーは、人が自分自身と

人生に与える意味を的確に理解するための最大の助けとなるのは記憶だという。記憶というのは、どんなささいなことがらと思われるものであっても、本人にとって何か記憶する価値のあるものなのである。自分にまつわるエピソードが想起され、語られるとき、重要なのは、エピソードそのものの□ではなく、そのエピソードがとくに記憶され、想起され、語られたということなのだ。

⑤ 自分のものとして語られるエピソードには、本人の自己観や世界観が縮約されている。本人が、そのエピソードが自分の人生の流れにおいて重要な位置を占め、人生の意味を暗示していると信じているからこそ、わざわざ記憶されたり、想起されたり、語られたりするのだ。

⑥ そうしたエピソードを素材として散りばめて綴《つづ》られる自己物語は、それが事実かどうかを糾弾される必要はない。説得力ある文脈の流れをもち、現実の出来事や自己の経験を意味のある形で解釈する力を与えてくれればよいのである。現実に起こった出来事を忠実に反映している必要もないし、そもそも親をはじめとする身近な人たちとの語りの場で創作されたものがその中核をなしているものだ。事実かどうかは問題ではない。

（榎本博明『〈ほんとうの自分〉のつくり方　自己物語の心理学』より）

《注》

※エピソード＝ある人物や物事に関する短い話。ここでは、個人が経験した出来事についての短い話をさす。

※ライフ・スタイル＝心理学者アドラーが提唱した概念で、自己や世界について人が持っている信念。

※個人心理学＝アドラーによる心理学の体系で、個人が全体として、目的に向かって行動していることを強調している。

問一　傍線部1「再構成された」と類似の意味で用いられている文中の語句はどれか。最も適切なものを次の①～⑤から一つ選べ。

①　想起された　②　信じている　③　創作された
④　語られた　⑤　縮約されている

問二　傍線部2「問題なのは、本人が自分のエピソードとして保持しているということである」とあるが、それはどのような意味か。最も適切なものを次の①～⑤から一つ選べ。

①　自分にとって価値あるエピソードを、自分に起きたものとして記憶するのは、自己物語の構成において意義あることである。

②　他人の語りから創作されたイメージを、自分に起きたエピソードとして理解するのは、自分の人生を意味づける上で危険でもある。

③　家族と共有するエピソードを自分の記憶として保持することには、家族と一体感を持てるという重要な役割がある。

④　他者の視点から構成されたイメージを、自分が実際に体験したものと考えることは、自己観の真実性という点で問題がある。

⑤　他の構成員が保持していた記憶なのに、それを自分の記憶だと信じることは、自分の過去に対する誤った解釈をもたらす。

問三　[　　]にはどのような語句が入るか。最も適切なものを次の①～⑤から一つ選べ。

①内容　②明確さ　③意味づけ　④価値　⑤事実性

読む

まずは、第①段落と第②段落から確認していきましょう。

①（たとえば、ヨチヨチ歩きの頃の自分が、チョウチョを追いかけて草原をうれしそうに歩き回っていたときに、子猫が目の前にひょっこり現れ、お互いにびっくりしてしばし見つめ合っていたが、突然泣き出して、猫もびっくりして逃げていったという※エピソードを記憶していたとする。このエピソードを思い出す際に、ヨチヨチぎごちなく歩き回っている自分の愛らしい姿や猫と見つめ合っているときの自分のキョトンとした表情、しばらくして泣き顔に移行するときの表情の変化などについてのイメージが浮かぶとする。そこまではっきりしたイメージがあるのだから、ほんとうの記憶だと信じるのがふつうかもしれない。）だが、ここでちょっと考えてみよう。（自分自身のぎごちないヨチヨチ歩きの姿やキョトンとした表情、あるいは泣き顔に移行する表情の変化などは、）いったいだれの視点から見られたものなのだろうか。自分自身の視点ではあり得ない。

②そうなると、そのイメージは、自分を観察している他者の視点から構成されていることになる。したがって、これは、本来自分自身が保持していた記憶ではなく、親などの自分を観察していた他者による語りをもとに再構成された記憶なのではないかと考えざるを得ない。何度も聞いている

うちに、そのイメージが定着し、自分自身の記憶と勘違いするほど身近なものとなっていく。こうしてみると、自分の過去についての記憶には、個人の所有物というよりも、家族などの集団の構成員の共有物といった側面があるのかもしれない。一家団欒《らん》の場のような共同想起の場で持ち出され語られた個々の構成員の想起内容が、その場に居合わせた人たちの間で共有され、いつのまにか個々の構成員に自分自身が直接経験したものとして取り入れられ、その後の各個人の想起を方向づける。家族のような一体感を強く持ちがちな集団では、こうした《まとめ》ことが頻繁《ひんぱん》に起こっていると推測される。

第①段落は長いですが、大部分が「具体例」であるとわかれば、時間をかけずに読むことができます。

冒頭の文は、「たとえば」から始まっているので、「具体例」です。覚醒Check!▶「具体例」は、筆者の主張をわかりやすく説明するために挙げられますが、主張そのものではありません。「具体例」の部分は、（　）などでまとめてくくっておくと読みやすくなります。この後も具体例が続きますが、「自分の幼い頃の記憶」についての話だとわかれば大丈夫です。

そして、7行目の「だが」によって話が転換します。「ここでちょっと考えてみよう」の直後は疑問文になっていますね。「幼い頃の記憶は、だれの視点から見られたものなのだろうか」と読者に疑問を投げかけ、覚醒Check!▶問題提起をしています。その答えは、直後に「自分自身の視点ではあり得ない」とありますが、「ない」という否定で終わっています。「次の段落に主張が出てくるだろう」と予想できれば、第①段落の役割がわかったことになります。

続いて、第②段落を見てみましょう。冒頭の文は、前段落「自分自身の視点ではあり得ない」という否定の後に続く内容となっています。**「AではなくB」というカタチでは、Bが「筆者の主張」になるのでしたね。**つまり、「イメージは、自分を観察している他者の視点から構成されていることになる」が、筆者の主張なのです。

続く一文でも「AではなくB」というカタチを繰り返して、主張を導き出しています。

そして、13行目の「こうしてみると」からはじまる一文は、「AよりもB」というカタチになっています。この**「AよりもB」という比較のカタチにも、AとBを分ける働きがあります。**「A」を完全に否定してはいませんが、「A」と「B」を分けて、「B」という主張を強調します。

「AよりもB」の比較のカタチも、「A」と「B」を分けている。

自分の過去についての記憶には、「家族などの集団の構成員の共有物といった側面がある」という主張が確認できますね。

次は、第③段落です。

③でも、そうだからといって、その種の記憶に価値がないわけではない。[2]問題なのは、本人が自分のエピソードとして保持しているということである。ほんとうに自分が体験し直接記憶しているものでなくてもかまわないし、さらには実際にそんなエピソードがじつは存在しなかったということでもかまわない。本人が、とくにそのエピソードを自分のエピソードと信じ込み、記憶しているということが重要なのだ。

第③段落冒頭の一文の中にある「その種の記憶に価値がないわけではない」は、「二重否定」になっています。「価値がない」を否定しているので、「価値がある」になると予想できます。続く、傍線部2の文は、「問題なのは」で始まっていて、少しドキッとしますね。この文は「価値がある」という内容になるはずなので、ここでの「問題」というのは悪い意味ではなさそうです。さらに読んでいくと、この段落の最後に出てくる「重要」という言葉とほぼ同じ意味であることがわかります。

第④段落を見てみましょう。

④（※ライフ・スタイルというものを重視する※個人心理学を提唱したアドラーは、人が自分自身と人生に与える意味を的確に理解するための最大の助けとなるのは記憶だという。）記憶というのは、どんなささいなことがらと思われるものであっても、本人にとって何か記憶する価値のあるものなのである。自分にまつわるエピソードが想起され、語られるとき、重要なのは、エピソードそのもの［　　］ではなく、そのエピソードがとくに記憶され、想起され、語られたということなの

だ。

冒頭の一文は、「アドラー」が主語になっていることからもわかるように、他者の意見の「引用」です。覚醒Check!▼「引用」があったら、「引用」部分が、「具体例」や「根拠」などの役割のうちで、どのような役割をするのかを考えながら、その後に続く「筆者の説明」を探しましょう。直後の一文では、「本人にとって何か記憶する価値のあるもの」という主張が展開されています。

そして、28行目から始まる一文は、「**AではなくB**」のカタチになっていますね。「エピソードがとくに記憶され、想起され、語られたということ」こそが「重要」だというのが、筆者の主張です。

第⑤段落に進みます。

⑤ 自分のものとして語られるエピソードには、本人の自己観や世界観が縮約されている。本人が、そのエピソードが自分の人生の流れにおいて重要な位置を占め、人生の意味を暗示していると信じているからこそ、わざわざ記憶されたり、想起されたり、語られたりするのだ。

第⑤段落では、第④段落にあった「エピソードがとくに記憶され、想起され、語られたということ」こそが「重要」だという筆者の主張の「根拠」が述べられています。覚醒Check!▼根拠を述べて主張することを「論証」と言います。「主張」につながる「根拠」をしっかりおさえましょう。

根拠 語られるエピソードには、本人の自己観や世界観が縮約されている

⬅

主張 **エピソードがとくに記憶され、想起され、語られたということこそが重要である**

そして、最後の第⑥段落です。

⑥ そうしたエピソードを素材として散りばめて綴《つづ》られる自己物語は、それが事実かどうかを糾弾される必要はない。説得力ある文脈の流れをもち、現実の出来事や自己の経験を意味のある形で解釈する力を与えてくれればよいのである。現実に起こった出来事を忠実に反映している必要もないし、そもそも親をはじめとする身近な人たちとの語りの場で創作されたものがその中核をなしているものだ。事実かどうかは問題ではない。

35

冒頭の一文の中に「**ない**」があることに注目しましょう。「事実かどうかを糾弾される」という部分が「**AではなくB**」の「**A**」にあたるので、それの対になる「**B**」を探します。すると、幼い頃の記憶（自己物語）は、「説得力のある文脈の流れ」をもち、「意味のある形で解釈する力」を与えてくれれば十分だというのが「**B**」であり、これが筆者の主張だとわかります。

このように、「**ない**」があったら、「**A**」と「**B**」にあたる内容をチェックしてみましょう。本文の言葉が難しくても、「**A**」と「**B**」の関係がつかめれば理解しやすくなりますよ。

「ない」があったら、「A」と「B」にあたる内容を確認する。

全体を通して見ると、「幼い頃の記憶」に対して、筆者は次のように考えていることがわかります。

- **親などの自分を観察していた他者による語りをもとに再構成された記憶**
- **エピソードには、本人の自己観や世界観が縮約されている**

⇦

- **エピソードがとくに記憶され、想起され、語られたということこそが重要**
- **現実の出来事や自己の経験を意味のある形で解釈する力を与えてくれれば十分である**

これらは、すべて「AではなくB」の「B」にあたるものでした。

「A」と「B」を分けてとらえると、このように、筆者の主張が見えてくるのです。

解く

問一　**傍線部を含む一文を分析して、本文で解答の根拠を探す。**

傍線部1を含む一文は「**AではなくB**」のカタチであり、傍線部1は、「**B**」にあたりますね。

本文11行目のここから！

これは、本来自分自身が保持していた記憶ではなく、親などの自分を観察していた他者による語りをもとに再構成された記憶なのではないかと考えざるを得ない。

ですから、解答の根拠は、「**B**」すなわち「筆者の主張」を中心に探していけばよいのです。

すると第⑥段落に、

本文36行目のここから！

現実に起こった出来事を忠実に反映している必要もないし、そもそも親をはじめとする身近な人たちとの語りの場で創作されたものがその中核をなしているものだ。

「親をはじめとする身近な人たちとの語りの場で創作されたものがその中核をなしている」とあり、これが傍線部を含む「親などの自分を観察していた他者による語りをもとに再構成された記憶」と同じであることがわかります。これをもとに解答を選びましょう。

正解は、③「創作された」となります。「親をはじめとする身近な人たちとの語り」によって作られた記憶であるとわかれば、正解することができます。

他の選択肢は、本文の中にある言葉ですが、傍線部1の直前にある「親などの自分を観察していた他者による語りをもとに」という修飾部とつながらないため、誤りです。

問二　傍線部を含む一文を分析して、本文で解答の根拠を探す。

本文20行目のここから！

2 問題なのは、本人が自分のエピソードとして保持しているということである。ほんとうに自分が体験し直接記憶しているものでなくてもかまわないし、さらには実際にそんなエピソードがじつは存在しなかったということでもかまわない。本人が、とくにそのエピソードを自分のエピソードと信じ込み、記憶しているということが重要なのだ。

先ほども確認したように、傍線部2の「問題」という言葉は、「重要」と同じような意味で用いられています。自分のエピソードと信じ込んで記憶しているということが「重要」だという根拠は、第④段落以降で述べられていました。「現実の出来事や自己の経験を意味のある形で解釈する力を与えてくれ」ることが大事だとあったように、「本人の自己観や世界観」が縮約されたものなので、幼い頃の記憶は「重要」なのですね。

正解は、①「自分にとって価値あるエピソードを、自分に起きたものとして記憶するのは、自己物語の構成において意義あることである。」となります。「問題」＝「重要」の解釈ができています。

②は「危険でもある」が誤りです。「問題」を「危険」とマイナスで解釈しています。

③は「家族と一体感を持てるという重要な役割」という部分が本文に書かれていないので、誤りです。
④は「自己観の真実性という点で問題がある」が誤りです。「問題」をそのまま「問題」とマイナスの意味で解釈しています。
⑤は「自分の過去に対する誤った解釈をもたらす」という部分が誤りです。本文に書かれていないうえに、やはり「問題」がマイナスの解釈になっています。

問三　空欄を含む一文を分析して、本文で解答の根拠を探す。

本文28行目のここから！

自分にまつわるエピソードが想起され、語られるとき、重要なのは、エピソードそのものの［　　］ではなく、そのエピソードがとくに記憶され、想起され、語られたということなのだ。

［　　］を含む一文に注目します。「重要なのは、エピソードそのものの［　　］**ではなく**」と否定されていますから、［　　］には、「**AではなくB**」の「**A**」にあたるもの、すなわち「重要ではない」ものが入ることがわかります。

これをふまえて、同じように「重要ではない」ものについて述べている部分を探すと、第⑥段落の最後の部分に「事実かどうかは問題ではない」とあります。ここでの「問題」は、「重要」という意味でしたから、「重要ではない」と述べていることになります。この部分が解答の根拠です。

正解は、⑤「事実性」となります。解答の根拠である「事実かどうか」をふまえている選択肢はこれしかありません。

①の「内容」は、第②段落に「想起内容」という言葉がありますが、これは、「重要ではない」と否定されてはいません。④の「価値」も、筆者が否定しているものではないので、誤りです。

②の「明確さ」は、本文になく、これが筆者によって否定されているかいないかの判断ができません。

③の「意味づけ」は、第⑤段落で「人生の意味」とあり、否定されていないばかりか、むしろ筆者はこれを大事なものととらえているので、正解になりません。

今回学んだ「でない」は、「読む」ときにも「解く」ときにも大きなヒントを与えてくれる、最も重要なカタチです。

世界を分ける働きをする「**でない**」をとらえ、内容を確実に整理していくことができれば、現代文の力は飛躍的に向上します。

覚醒ポイント

「でない」があったら、前後の内容を「A」と「B」に分けて整理し、筆者の主張をつかむ。

第2章 「具体」「抽象」のフレームワーク

「具体」と「抽象」の読み分けが、筆者の主張をつかむカギ

今回は**「具体」「抽象」**について学びましょう。

「具体例」とは、筆者が自分の主張を読者に伝えやすくするために述べるものです。

たとえば、「私はスポーツが好きです。」という文があったとします。この伝え方では、どのスポーツを好きなのかまでは読者にイメージしてもらえません。少し詳しく「私はサッカーが好きです。」「私は野球が好きです。」という文に書き換えれば、理解してもらいやすくなります。これが「**具体例**」の役割です。

ただ、いくら詳しく説明できるからといって、具体例ばかりを並べるのもよくありません。言いたいことがわかりづらくなってしまうからです。そこで、具体例の前後には、筆者の主張したいことを端的《たんてき》にまとめた箇所が必要になります。

筆者の主張やまとめと具体例はワンセットになるものなのです。まずはこの点を理解しておきましょう。

それでは、文章を読解する際にどうすれば具体例やまとめに気づけるのでしょうか？

安心してください。実は**「マーカー＝目印」**があるんです。

具体例のマーカー

「たとえば」「など」など

まとめのマーカー

「このような」「このように」「そのような」「そのように」「こういう」「そういう」「つまり」「要するに」など

本文中にこうした言葉を見つけたら、「具体例がはじまったな」「具体例をまとめはじめたぞ」と考えながら読み進めていきましょう。

ただし、常にこれらのマーカーがあるとは限りません。

そこで大切なのが、「**具体例＝具体**」や「**まとめ＝抽象**」とは何かについて理解しておくことです。「**具体**」や「**抽象**」がどういうものかを知っておけば、マーカーがなくても具体例やまとめに気づくことができます。

たとえば、「犬」という言葉は具体でしょうか、それとも抽象でしょうか。

正解は「わからない」です。

ちょっと意地悪な質問でしたね。実は、**具体**か**抽象**かというのは一つの言葉では判断できないのです。「犬」と「チワワ」であれば、「チワワ」が**具体**で「犬」が**抽象**であるとわかります。また、「犬」と「生物」であれば「犬」が**具体**で「生物」が**抽象**であるとわかります。

このように、**具体か抽象かは言葉と言葉の関係で決まります。**

その関係を図に表すと次のようになります。

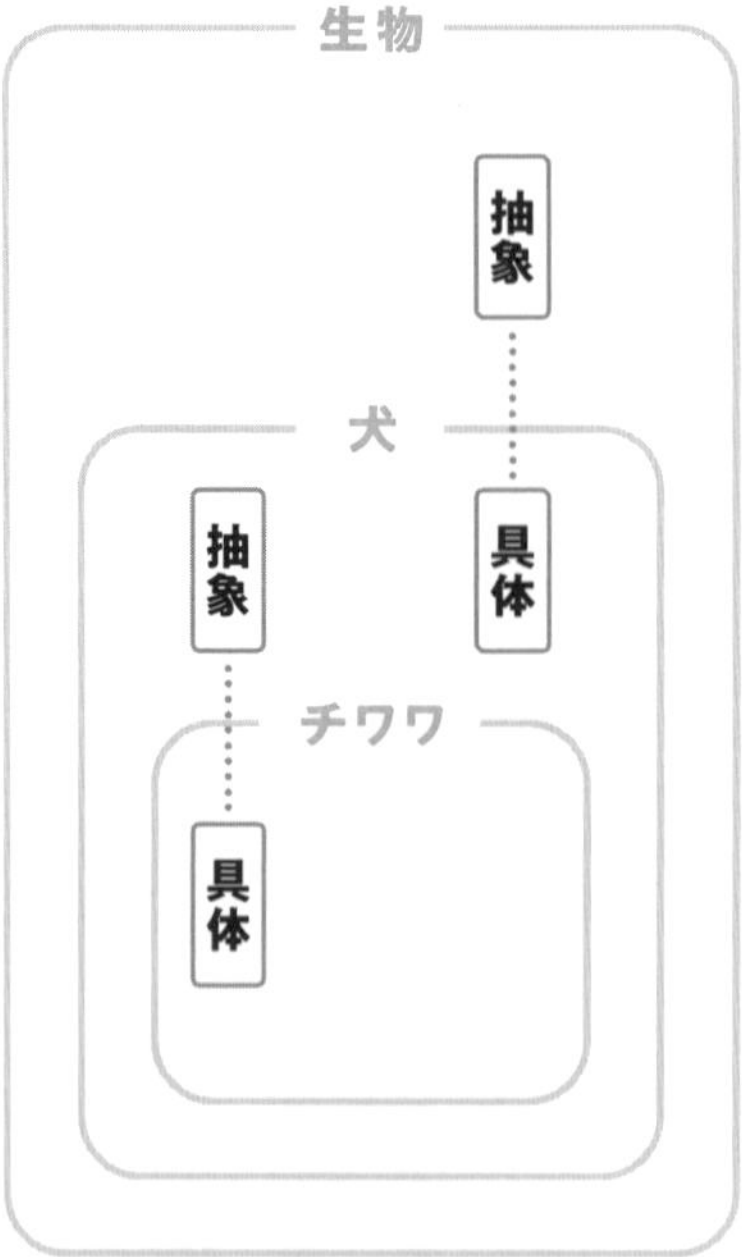

「抽象」は大きいグループ、「具体」はその中の小さいグループと考えるとわかりやすいでしょう。このように大きなものが小さなものを包み込んでいるような関係を**「包摂《ほうせつ》関係」**と言います。「**具体**」と「**抽象**」

の関係はこの「**包摂関係**」であると理解しておくと、マーカーがなくても具体例やまとめを見抜けるようになります。

「抽象」が大きいグループ、「具体」はその中の小さいグループと意識すると、「具体例」がつかみやすくなる。

一つ注意しておきたいことがあります。

問題では基本的に、本文に書かれた筆者の考えやその考えに至るまでの道筋を理解しているかが試されます。そのため、**原則として「抽象」を答えることが多くなる**のです。このときに具体を答えにすると不正解となってしまいます。

たとえば、「異常気象、人口減少社会、所得格差、食料自給率など、私たちの身の回りには無数の社会問題が存在している。」という文があったとします。この文で主張されているのは、「私たちの身の回りには無数の社会問題が存在している」ということですね。個々の具体例である「異常気象」や「人口減少社会」などは、「社会問題」の一部に過ぎず、これらの**具体例を取り出しても筆者の主張にはなりません**。

実際に問題で失点しないための大切な考え方なので、ぜひ覚えておきましょう。

ここまでの内容をふまえたうえで **例題** に取り組んでみましょう。

例題

2 次の文章を読んで、後の問いに答えよ。

2017年 成蹊大

①最近の企業戦略として、「アンバンドリング」と「アウトソーシング」が強調されます。前者は「それまで一つの企業で行っていた業務を、機能別に分解すること」であり、後者は「基幹的な業務以外のものを外部業者に委託すること」です。この結果、企業は重要な業務だけに特化することが可能になりました。

②アップルについて具体的に見れば、つぎのとおりです。例えば、iPhone が完成するまでには、さまざまな業務があります。大まかに言っても、製品の開発、基本設計から始まって、部品の製造、組み立て、そして宣伝、販売があります。

③これまでは、これらすべての業務を一つの企業が行っていたのですが、アップルはこれらの業務を分解しました（「アンバンドリング」）。そして、部品の製造から最終組み立てにいたる「製造」の過程は、「アウトソース」したのです。

④製造を実際に担当しているのは、世界中の企業です。韓国、中国、そして日本のメーカーも含まれます。最終的な組み立ては、中国にある「フォックスコン」という企業が行っています。したがって、アップルは工場を持っていません（このようなメーカーを「ファブレス」と言います）。

⑤アップル自らは、開発と販売という高付加価値業務に特化しています。これがコア業務であり、それによって利益を得ているのです。

⑥アップルは、中国をはじめとする新興国の安い賃金を用いて製品を作り、それを所得の高い先進国で売っています。利益が驚異的な水準に達するのは、こうしたビジネスモデルを採用しているか

らです。

（野口悠紀雄『「超」集中法　成功するのは2割を制する人』より）

問　傍線部「このようなメーカーを『ファブレス』と言います」とあるが、「ファブレス」とは、どういう意味か。この言葉を言い換えたものとして最も適切なものを次の①～⑤から一つ選べ。

① 製造を実際に担当している世界中の企業
② 製品の開発、基本設計、部品製造、組み立て、マーケティング、販売などをすべて自社内で行う企業
③ 開発と販売という高付加価値業務に特化した企業
④ 利益が驚異的な水準に達する、韓国、中国、日本のメーカー
⑤ 最終的な組み立てを行う、中国にある「フォックスコン」という企業

読む

「**具体例**」と「**まとめ**」に注意しながら、本文全体をつかんでいきます。

①最近の企業戦略として、「アンバンドリング」と「アウトソーシング」が強調されます。前者は「それまで一つの企業で行っていた業務を、機能別に分解すること」であり、後者は「基幹的な業務以外のものを外部業者に委託すること」です。この結果、企業は重要な業務だけに特化することが可能になりました。

②アップルについて具体的に見れば、つぎのとおりです。例えば、iPhoneが完成するまでには、さまざまな業務があります。大まかに言っても、製品の開発、基本設計から始まって、部品の製造、組み立て、そして宣伝、販売があります。

③これまでは、これらすべての業務を一つの企業が行っていたのですが、アップルはこれらの業務を分解しました（「アンバンドリング」）。そして、部品の製造から最終組み立てにいたる「製造」の過程は、「アウトソース」したのです。

④製造を実際に担当しているのは、世界中の企業です。韓国、中国、そして日本のメーカーも含まれます。最終的な組み立ては、中国にある「フォックスコン」という企業が行っています。したがって、アップルは工場を持っていません。このようなメーカーを「ファブレス」と言います。

⑤アップル自らは、開発と販売という高付加価値業務に特化しています。これがコア業務であり、それによって利益を得ているのです。

⑥ アップルは、中国をはじめとする新興国の安い賃金を用いて製品を作り、それを所得の高い先進国で売っています。利益が驚異的な水準に達するのは、こうしたビジネスモデルを採用しているからです。

第①段落では、「アンバンドリング」と「アウトソーシング」についての説明がされています。「前者」と「後者」という言葉に注意すると、それぞれ次のような意味になりますね。

アンバンドリング＝それまで一つの企業で行っていた業務を、機能別に分解すること
アウトソーシング＝基幹的な業務以外のものを外部業者に委託すること

この結果、「企業は重要な業務だけに特化することが可能」になったのです。

第②段落では、「アンバンドリング」と「アウトソーシング」を実践する企業として、「アップル」という**具体的な企業名**が挙げられています。アップルはどのようにこれらを実践しているのでしょうか。二文目では「**例えば**」を用いて、iPhoneの例を挙げています。ここからが**さらに詳しい具体例**ですね。この後どこで**「まとめ」の表現**が使われるかを意識しながら読み進めましょう。

第③段落から、iPhoneの製造過程で「アンバンドリング」と「アウトソーシング」がどのように行われているのかを具体的に説明しています。この説明は第④段落まで続いていきますが、13行目に「**このよう**

なメーカー」とありました。「**このような**」は「**まとめのマーカー**」でしたね。つまり、この文が「**まとめ**」になっているのだとわかりました。

第⑤段落は「**まとめ**」についての説明なので、ここも「**まとめ**」の範囲内だと考えましょう。

第⑥段落は、アップルの利益が驚異的な水準に達する理由を述べています。ここは「付け加え」あるいは「補足」だと考えてください。

この文章を図にすると次のようになります。

主張（抽象）

企業は「アンバンドリング」と「アウトソーシング」によって、重要な業務だけに特化することが可能になった

具体例

アップルの iPhone の作り方

まとめ（抽象）

アップル自らは、開発と販売という高付加価値業務に特化している

解く

傍線部の中にある「ファブレス」の意味が問われています。「**このような**メーカー」というように、**「まとめのマーカー」**があることに注目してください。「**このような**メーカー」とはどのようなメーカーでしょうか。「**このような**」は指示語ですから、これ以前の本文から内容を考える必要があります。

ここで思い出してほしいのが、この **例題** に取り組んでもらう前に説明した内容です。**具体例の内容は答えに選べない**のでした。そして、**筆者の主張は具体例の前後にある**のでしたね。

そうであれば、具体例がはじまった第②段落の前、つまり第①段落を読めば、「**このような**」の内容がわかることになります。

したがって、「**このような**メーカー」とは、第①段落に書いてあるように「重要な業務だけに特化することが可能に」なったメーカーだということになります。これと似たことが第⑤段落に書かれていて、「開発と販売という高付加価値業務に特化」とあります。これで、「**このような**メーカー」の内容がはっきりしました。

傍線部は「このようなメーカーを『ファブレス』と言います」なので、「開発と販売という高付加価値業務に特化した企業を『ファブレス』と言います」に言い換えられますね。これを根拠に答えを選べばいいということになります。

正解は、③の「開発と販売という高付加価値業務に特化した企業」となります。

繰り返しになりますが、具体例を答えに選ぶことはできません。その前後にある筆者の主張やまとめに目を向けたことで答えを出せました。

他の選択肢について検討しましょう。

本文では「ファブレス」としてアップルが挙げられていますが、①の「製造を実際に担当している世界中の企業」、④の「利益が驚異的な水準に達する、韓国、中国、日本のメーカー」、そして⑤の「最終的な組み立てを行う、中国にある『フォックスコン』という企業」は、アップルのことではありません。

②の「製品の開発、基本設計、部品製造、組み立て、マーケティング、販売などをすべて自社内で行う企業」は「重要な業務だけに特化」していないので誤りです。

このように、「**具体例**」と「**筆者の主張**」を見抜くことによって正解しやすくなります。

引き続き、実践問題に取り組んでみましょう。

実践問題

2 次の文章を読んで、後の問いに答えよ。

2019年 関西大

1 たとえば二〇一二年にゲーミフィケーションという言葉が流行語になりました。これは僕の友人の研究者（※井上明人）などが紹介し、日本でも普及しはじめている概念で、人間工学や行動経済学、社会心理学などを応用して、物事を「ゲーム」にする（モチベーションを上げる、我慢の苦痛を緩和する）ことにより、学習や動員の効率を上げる手法です。

2 マニュアルを読むことなく複雑な操作を直感的にこなすことのできるユーザーインターフェイス

から、物語や運動への効率的な没入まで、僕たちがこれまでコンピューターゲームで追求してきたさまざまなテクニックや手法は、いま情報技術の発展で社会構造の中に実装されつつあり、その一部がゲーミフィケーションという名で呼ばれています。海外では行政の不正調査や選挙運動などで、このゲーミフィケーションの応用例が知られています。

③ 私見では物事をゲームに見立てることで人間を対象に没入させ、効率化を図るという発想はとくに現代特有のものではなく、人類史に連綿と受け継がれてきた発想です。しかし今日の人類社会でこのゲーミフィケーションという言葉が流行語と化すことには、相応の理由があると僕は考えています。それは、情報技術によるコミュニケーションの可視化です。

④ これまで人間間のコミュニケーションは不可視のものとされてきた。「空気」や「雰囲気」といった言葉で人と人とのあいだにあるもの（特に社会制度化されていないもの）は表現され、それをコントロールする属人的な能力は「人間力」とか「コミュニケーション力」という曖昧な言葉でブラックボックス化されてきた。こうした概念は見ることができないために、非常に文学的でどこか曖昧で、それゆえに神秘化されてきたところがある。

⑤ けれど、こうしたものが今ではかなりの程度可視化できるようになっていると言えます。たとえばソーシャルメディアは人間関係の相関図はもちろん、それまで場の「空気」とか「雰囲気」とか呼ばれていたものまで可視化している。それこそフェイスブックの「いいね！」ボタンというのは人間の行為を数字として相手に伝えるものとして機能しているわけです。

⑥ こうした変化は思想的にとても大きな問題提起につながると僕は考えています。

⑦ たとえば、二〇世紀までの思想や哲学は「他者」に開かれていることが大事だと、ほとんど傷が

ついたレコードのように繰り返してきた。でもこのときの「他者」は、文学や思想のジャンルではよく出てくるマジックワードです。先ほど例に挙げた「人間力」や「コミュニケーション力」とあまり変わりません。

⑧だいたい「他者への開かれた態度が大事だ」というときに、その「他者」って「開かれた態度」って具体的に何？　って論理的につきつめると誰も説明できない。せいぜい「意識を高く持って寛容であれ」みたいな誰にでも言える当たり前のことに着地するか、「他者」も「開かれた態度」も人間の知性には到達できないものなんだ、でもそれをあきらめずに祈り続けることが大事なんだ、という入り組んだロジックになってしまう。そして実のところ後者は前者を詳細に言いなおしているだけで、実はやっぱり「意識を高く持って常に寛容であるように気をつけろよ」くらいのことしか言えていない。それって「松井秀喜の魅力は何ですか」と尋ねられて「バッティングです」と胸を張って答えるようなもので、実は何も言っていない。

⑨じゃあ、どうすればいいのか。僕はこの問題を考える大きな手がかりが、ここで紹介したゲーミフィケーションの背景にある、現代の情報技術にあると思います。前述したようにインターネットが僕たちに何を証明したかというと、「空気を読む」とか「他者に開かれる」といった人間のコミュニケーションのかたちは、今までは「見えないもの」「記述できないもの」だからこそ、マジックワードとして便利に使われてきたのが、ログ（記録）というかたちで「見えてしまう」「書けてしまう」ものになったということです。これはあくまで一例です。要は今まで「見えなかったもの」「計測不可能だったもの」が、「見えるもの」「計測可能なもの」になると人間観や社会観が結構変わってしまうということです。

（宇野常寛『日本文化の論点』より）

《注》
※井上明人＝ゲーム研究者（一九八〇～）。

問一 筆者は、ゲーミフィケーションという言葉が流行語となったことについて、どのように述べているか。最も適切なものを次の①～⑤から一つ選べ。

① ゲーミフィケーションとは、人間工学や行動経済学、社会心理学などを応用して、物事を「ゲーム」に見立てることで、学習や動員の効率を上げる手法である。現代になって新たに開発された手法であり、これが普及し流行語となったのは、「空気」や「雰囲気」といった不可視のものがはっきりと表現され、可視化されるようになったからだと述べている。

② ゲーミフィケーションとは、物事を「ゲーム」に見立て、人間を対象に没入させ、効率化を図る手法で、昔から人類史に受け継がれてきた発想である。これが現代社会において普及し流行語となったのは、「空気」や「雰囲気」といった不可視のものが可視化され、人間のコミュニケーションが円滑になったからだと述べている。

③ ゲーミフィケーションとは、人間工学や行動経済学、社会心理学などを応用して、物事を「ゲーム」に見立てることで、学習や動員の効率を上げる手法である。その発想自体は昔から人類史に受け継がれてきたものであるが、これが特に現代社会で流行語となったのは、情報技術によるコミュニケーションの可視化が背景にあると述べている。

④ ゲーミフィケーションとは、物事を「ゲーム」に見立て、人間を対象に没入させ、効率化を図

る手法で、昔から人類史に受け継がれてきた発想である。これが特に現代社会で流行語となったのは、「空気」や「雰囲気」といった不可視のものを可視化することへの人々の欲求が背景にあると述べている。

⑤ゲーミフィケーションとは、物事を「ゲーム」に見立て、人間を対象に没入させ、効率化を図る手法であり、現代になって、コンピューターゲームの開発を通じて確立した手法である。これが特に現代社会で流行語となったのは、情報技術によるコミュニケーションの可視化が背景にあると述べている。

問二　筆者は、インターネットの普及により、どのような変化が生じたと述べているか。最も適切なものを次の①〜⑤から一つ選べ。

①インターネットの普及により、これまで「空気」や「雰囲気」といった言葉で呼ばれ、不可視のものとされてきた人間間のコミュニケーションのかたちが、ログ（記録）というかたちで可視化されるようになったと述べている。

②インターネットの普及により、「人間力」や「コミュニケーション力」という曖昧な言葉でブラックボックス化されてきたものが、人間の行為として数値化されるようになったと述べている。

③インターネットの普及により、これまで文学や思想のジャンルで繰り返し述べられてきた他者への開かれた態度の重要性が、一般社会においても認識されるようになったと述べている。

④インターネットの普及により、「空気を読む」とか「他者に開かれる」といった従来の人間のコ

ミュニケーションのかたちが成り立たなくなり、人間観や社会観が変化したと述べている。

⑤インターネットの普及により、「見えないもの」「記述できないもの」がログ（記録）というかたちで可視化され、消費者自身の情報発信によって市場を自動的に活性化させることができるようになったと述べている。

読む

まずは、第①段落と第②段落を読んでいきましょう。

① （たとえば二〇一二年にゲーミフィケーションという言葉が流行語になりました。これは僕の友人の研究者（※井上明人）などが紹介し、日本でも普及しはじめている概念で、人間工学や行動経済学、社会心理学などを応用して、物事を「ゲーム」にする（モチベーションを上げる、我慢の苦痛を緩和する）ことにより、学習や動員の効率を上げる手法です。）

② マニュアルを読むことなく複雑な操作を直感的にこなすことのできるユーザーインターフェイスから、物語や運動への効率的な没入まで、僕たちがこれまでコンピューターゲームで追求してきたさまざまなテクニックや手法は、いま情報技術の発展で社会構造の中に実装されつつあり、その一部がゲーミフィケーションという名で呼ばれています。（海外では行政の不正調査や選挙運動などで、このゲーミフィケーションの応用例が知られています。）

第①段落の冒頭から「**たとえば**」とあり、「**具体例**」が始まっています。「ゲーミフィケーション」というのが「**具体例**」ですね。どこで「**まとめ**」がくるのかを考えながら読んでいきましょう。

第②段落を読み進めると、6～8行目に「僕たちがこれまでコンピューターゲームで追求してきたさまざまなテクニックや手法は、いま情報技術の発展で社会構造の中に実装されつつあり、その一部がゲーミフィケーションという名で呼ばれています」とあります。ここに注目してみましょう。

「**具体例**」というのは、あるグループの「一部分」でしたね。「ゲーミフィケーション」も、「その一部」だと述べられています。ということは、「その」という言葉が指し示している部分が「**まとめ**」になると考えられますね。

つまり、「ゲーミフィケーション」とは、「いま情報技術の発展で社会構造の中に実装されつつ」あるもので「僕たちがこれまでコンピューターゲームで追求してきたさまざまなテクニックや手法」であるものの一部ということになります。

少し難しいのですが、この「**まとめ**」を発見できると内容が理解しやすくなりますね。

8～9行目には「**～など**」「**応用例**」という言葉があるので、ゲーミフィケーションの「**具体例**」だと考えることができます。

ここまでを図にまとめると、次のようになります。

具体例

ゲーミフィケーション＝物事を「ゲーム」にすることにより、学習や動員の効率を上げる手法

まとめ

僕たちがこれまでコンピューターゲームで追求してきたさまざまなテクニックや手法が、情報技術の発展で社会構造の中に実装されつつある

続いて、第③段階を見ていきましょう。

③　私見では物事をゲームに見立てることで人間を対象に没入させ、効率化を図るという発想はとくに現代特有のものではなく、人類史に連綿と受け継がれてきた発想です。しかし今日の人類社会でこのゲーミフィケーションという言葉が流行語と化すことには、相応の理由があると僕は考えています。それは、情報技術によるコミュニケーションの可視化です。

第③段落の一文目では「物事をゲームに見立てる発想は昔からあった」と説明されています。「ゲーミフィケーション」という言葉は最近知られるようになったものですが、発想自体は昔からあったということですね。主張の方向性が少し変わってきました。ここは、覚醒Check!▶あえて反対意見に「譲歩」している部分なのではないかと考えながら読んでいくとよいでしょう。

そして、二文目で「しかし」という言葉によって方向転換して、「主張」を展開します。

これらを図にまとめると次のようになります。

譲歩 ものごとをゲームに見立てる発想は、昔からあったものである

⇔ しかし

主張 **今日の人類社会でこのゲーミフィケーションという言葉が流行語と化すことには、相応の理由がある**

（＝情報技術によるコミュニケーションの可視化）

④ これまで人間間のコミュニケーションは不可視のものとされてきた。具体例 「空気」や「雰囲気」といった言葉で人と人とのあいだにあるもの（特に社会制度化されていないもの）は表現され、それをコントロールする属人的な能力は「人間力」とか「コミュニケーション力」という曖昧な言葉でブラックボックス化されてきた。まとめ こうした概念は見ることができないために、非常に文学的でどこか曖昧で、それゆえに神秘化されてきたところがある。

第④段落の一文目では、「これまで」のコミュニケーションが「不可視＝見えない」ものだったと説明されています。

二文目の「空気」「雰囲気」「人間力」「コミュニケーション力」というのは、「不可視＝見えない」ものの「**具体例**」です。「ブラックボックス化」は「不可視＝見えない」ものとされたことを表す「**比喩表現**」ですね。

三文目では、これらを「こうした概念」という言葉でまとめています。「**こうした**」や「**このような**」、

「このように」などは、その前の具体的な表現をまとめるときによく使われる「まとめのマーカー」の一種です。

第④段落を図に表すと次のようになります。

主張
これまで人間間のコミュニケーションは不可視のものとされてきた

具体例
「不可視のもの」の具体例
人と人との間にあるもの＝「空気」「雰囲気」
それをコントロールする属人的な能力＝「人間力」「コミュニケーション力」

まとめ
こうした概念は見ることができない

⑤ けれど、こうしたものが今ではかなりの程度可視化できるようになっていると言えます。たとえばソーシャルメディアは人間関係の相関図はもちろん、それまで場の「空気」とか「雰囲気」とか[20]呼ばれていたものまで可視化している。それこそフェイスブックの「いいね！」ボタンというのは人間の行為を数字として相手に伝えるものとして機能しているわけです。

⑥ こうした変化は思想的にとても大きな問題提起につながると僕は考えています。

第⑤段落の一文目は、「けれど」という逆接の接続表現からはじまります。第④段落で「不可視＝見えない」だったものが、「可視化＝見える化」できるようになっていると説明されているのですね。

二文目には「たとえば」がありますから、「ソーシャルメディア」「フェイスブックの『いいね！』ボタン」が「**具体例**」だとわかります。

そして、第⑥段落ではこの第⑤段落の内容を「こうした変化」とまとめ、「大きな問題提起につながる」という考えを述べています。図にすると次のようになります。

主張
これまで見えなかったものが今では可視化できるようになっている

具体例
・ソーシャルメディアは「空気」や「雰囲気」を可視化している
・フェイスブックの「いいね！」は人間の行為を数字として相手に伝えるものとして機能している

まとめ
こうした変化は思想的にとても大きな問題提起につながる

最後に、第⑦～⑨段落をイッキに確認していきましょう。

⑦ （具体例 **たとえば**、二〇世紀までの思想や哲学は「他者」に開かれていることが大事だと、ほとんど傷が

ついたレコードのように繰り返してきた。でもこのときの「他者」は、文学や思想のジャンルではよく出てくるマジックワードです。先ほど例に挙げた「人間力」や「コミュニケーション力」とあまり変わりません。

⑧ だいたい「他者への開かれた態度が大事だ」というときに、その「他者」って「開かれた態度」って具体的に何？　って論理的につきつめると誰も説明できない。せいぜい「意識を高く持って寛容であれ」みたいな誰にでも言える当たり前のことに着地するか、「他者」も「開かれた態度」も人間の知性には到達できないものなんだ、でもそれをあきらめずに祈り続けることが大事なんだ、という入り組んだロジックになってしまう。そして実のところ後者は前者を詳細に言いなおしているだけで、実はやっぱり「意識を高く持って常に寛容であるように気をつけろよ」くらいのことしか言えていない。それって「松井秀喜の魅力は何ですか」と尋ねられて「バッティングです」と胸を張って答えるようなもので、実は何も言っていない。

⑨ じゃあ、どうすればいいのか。僕はこの問題を考える大きな手がかりが、ここで紹介したゲーミフィケーションの背景にある、現代の情報技術にあると思います。具体例 前述したようにインターネットが僕たちに何を証明したかというと、「空気を読む」とか「他者に開かれる」といった人間のコミュニケーションのかたちは、今までは「見えないもの」「記述できないもの」だからこそ、マジックワードとして便利に使われてきたのが、ログ（記録）というかたちで「見えてしまう」「書けてしまう」ものになったということです。これはあくまで一例です。まとめ 要は今まで「見えなかったもの」「計測不可能だったもの」が、「見えるもの」「計測可能なもの」になると人間観や社会観が結構変わってしまうということです。

第⑦段落、第⑧段落では、思想的にも「見えない」ものがもてはやされてきた過去が説明されます。「**たとえば**」という言葉があることから、「**具体例**」が挙げられていることがわかります。

そして、第⑨段落では「**まとめ**」が述べられます。

現代の情報技術によって、「見えないもの」「記述できないもの」が「見えてしまう」「書けてしまう」ものになった（＝可視化された）のは「あくまで一例」とあるので、もっと大きな「**まとめ**」を探す必要がありますね。

41行目にある「**要は**」という言葉も「**まとめのマーカー**」です。この直後の「今まで『見えなかったもの』『計測不可能だったもの』が、『見えるもの』『計測可能なもの』になると人間観や社会観が結構変わってしまう」という部分が筆者の主張です。

先ほど確認した第⑥段落と合わせて、内容をまとめましょう。

主張

こうした変化（これまで見えなかったものが今では見えるようになっている変化）は思想的にとても大きな問題提起につながる

具体例

二〇世紀までの思想や哲学における「他者への開かれた態度」は、見えないものだった

まとめ

インターネットによって今まで「見えなかったもの」「計測不可能だったもの」が、「見えるもの」「計測可能なもの」になると、人間観や社会観が変わってしまう

解く

問一　問われているテーマについて書かれている部分から、解答の根拠を探す。

「ゲーミフィケーションという言葉が流行語となったこと」について説明する問題です。

今回の 実践問題 の問一と問二は、ともに傍線部のない問題でした。このような問題ではまず、**問題で問われているテーマについて書かれている部分を本文中から探すようにしましょう**。その後は、傍線部のある問題と同じように、その部分から解答の根拠を探します。

ここで問われている「ゲーミフィケーションという言葉が流行語になったこと」については、第①段落から第③段落にかけて説明されていました。この部分をもとにして解答しましょう。

正解は③です。「ゲーミフィケーションとは、人間工学や行動経済学、社会心理学などを応用して、物事を『ゲーム』に見立てることで、学習や動員の効率を上げる手法である」については、第①段落に書かれていました。また、「その発想自体は昔から人類史に受け継がれてきたものであるが、これが特に現代社会で流行語となったのは、情報技術によるコミュニケーションの可視化が背景にあると述べている」については、第③段落に書かれていました。

①は「現代になって新たに開発された手法」の部分、⑤は「現代になって、コンピューターゲームの開発を通じて確立した手法」の部分が誤りです。「物事をゲームに見立てることで人間を対象に没入させ、効率化を図るという発想はとくに現代特有のもの ではなく 、人類史に連綿と受け継がれてきた発想です」とありました。「現代特有のもの」という部分は「ではなく」という言葉で否定されていますね。

すべての選択肢について言えますが、**本文で否定されていることが書かれた選択肢は誤りとなります。**

②は「『空気』や『雰囲気』といった不可視のものが可視化され、人間のコミュニケーションが円滑になったから」の部分、④は「『空気』や『雰囲気』といった不可視のものを可視化することへの人々の欲求が背景にある」の部分がそれぞれ誤りです。今日の人類社会でこのゲーミフィケーションという言葉が流行語と化す理由は、「情報技術によるコミュニケーションの可視化」でした。

問二　問われているテーマについて書かれている部分から、解答の根拠を探す。

「インターネットの普及により、どのような変化が生じたのか」を説明する問題です。

第⑤段落から第⑨段落にかけて、「不可視のものが可視化された（=見えないものが見える化された）」と書かれていたことがわかれば、正解することができます。

正解は①の「インターネットの普及により、これまで『空気』や『雰囲気』といった言葉で呼ばれ、不可視のものとされてきた人間間のコミュニケーションのかたちが、ログ（記録）というかたちで可視化されるようになったと述べている。」となります。「可視化」がきちんと指摘できているのはこの選択肢です。

②の「数値化」は、第⑤段落で説明された可視化の具体例の一つに過ぎません。逆に言えば、可視化の方法は「数値化」以外にもあるはずなので、答えに選ぶことはできませんね。このように、具体例の一つしか説明していない選択肢は原則として正解にならないと考えられるのです。

③は、「これまで**文学や思想のジャンル**で繰り返し述べられてきた他者への開かれた態度の重要性が、**一般社会においても**認識されるようになった」が誤りです。「文学や思想のジャンル」から「一般社会」への

変化ではありませんでした。

④は、「『空気を読む』とか『他者に開かれる』といった従来の人間のコミュニケーションのかたちが**成り立たなくなり**」が誤りです。また、「人間観や社会観が**変化した**」とありますが、本文では「人間観や社会観が結構**変わってしまう**」と書かれていたので、この部分も誤りです。

⑤は、前半の「インターネットの普及により、『見えないもの』『記述できないもの』がログ（記録）というかたちで可視化され」はよかったのですが、後半の「消費者自身の情報発信によって市場を自動的に活性化させることができるようになった」ということは、この本文では述べられていないので誤りとなります。

今回学んだ**「具体」と「抽象」を理解しておけば、筆者の主張がどこに書かれているのか、わかりやすくなります**。

また、選択肢に書かれた内容の「**具体**」や「**抽象**」を見抜けるようになれば、具体例を挙げただけの不正解選択肢にひっかかることもなくなりますね。

覚醒ポイント

「マーカー＝目印」や「包摂関係」を駆使《くし》して、「具体例（具体）」と「筆者の主張（抽象）」を見抜く。

今回学んだように、「**具体**」と「**抽象**」は、文章を読むときだけでなく、問題を解くときにも意識してほしいポイントです。

「**具体**」と「**抽象**」は正確に言うと「イコール関係」ではありません。本章でも解説したように、抽象が具体を包み込む「**包摂関係**」です。たとえば、「イヌ（具体）」と「生物（抽象）」という二つの言葉で考えてみると、「イヌ（具体）は生物（抽象）である」と言うことはできても、「生物（抽象）はイヌ（具体）である」とは言えませんね。

このことから、**「抽象的な言葉」を説明することが求められている問題では「具体」を答えてはいけないというルール**ができるのです。

早稲田大学で出題された問題を考えてみましょう。

思考力問題

次の文章を読んで、後の問いに答えよ。

「けっこうです」という言葉は頭が痛い。高文脈言語である日本語を象徴する言葉である。文脈を理解していないと、「イエス」か「ノー」かわからないのである。日本人でも文脈が微妙で、どちらかわからないことさえある。最近の若者の間で、この「けっこうです」に代わる言葉のひとつに、「ビミョー」があろう。明確な判断を避けているとの批

2007年早稲田大

解説

「高文脈言語」の意味を答える問題ですが、文章には明確な定義は書かれていません。

ですから、「けっこうです」と「ビミョー」という具体例から考えなければいけません。この場合は、「けっこうです」と「ビミョー」の両方にあてはまるような「**一般化された説明**」を解答としま

判もあるが、若者たちの間では、共有している文脈のなかで、最近はとくに否定的な意見や感想をできるだけ述べたくないので、推し量れという高文脈言葉として使われている。まさに微妙なのである。

（小笠原泰『なんとなく、日本人　世界に通用する強さの秘密』より）

問　傍線部「高文脈言語」とはどういうことか。最も適切なものを次の①～⑤の中から一つ選べ。

① 文脈から高レベルに孤立した言語
② 所属する小集団が意味を決める言語
③ その場の状況から微妙にはずれた言語
④ 状況によって意味が逆に変化する言語
⑤ その場の空気によって意味が左右されやすい言語

しょう。

正解は⑤「その場の空気によって意味が左右されやすい言語」です。この説明ならば「けっこうです」と「ビミョー」の両方にあてはまりますね。

他の選択肢を検討してみましょう。

①は「けっこうです」にも「ビミョー」にもあてはまりません。

②「所属する小集団が意味を決める言語」は「ビミョー」にはあてはまるかもしれませんが、「けっこうです」にはあてはまりません。

③は両方ともにあてはまりません。

④で間違える人が多いのですが、「けっこうです」にはあてはまりますが、「ビミョー」にはあてはまりません。

このように、「具体」と「抽象」を「イコール関係」だと思い込んでいると間違えてしまう問題もあります。**「具体」と「抽象」は「包摂関係」だということを、今一度確認しておきましょう。**

第3章

「論証」のフレームワーク①

「飛躍」を埋める「根拠」を探せ

今回は**「論証」**について学びましょう。

覚醒Check!▶「論証」とは「根拠を述べて主張を導くこと」です。

現代文の文章であるか日常会話であるかにかかわらず、**「主張」にはしばしば「飛躍」が見られます**。

たとえば、「この競技で上達するためには、先輩のアドバイスを守ることが大切である。」という文を読んでどう感じますか?

「なぜ先輩のアドバイスを守ると上達するの?」「先輩のアドバイスを守ると本当に上達するの?」と感じてしまう人もいるのではないでしょうか。

実は、この主張では「上達する」と「先輩のアドバイスを守る」が論理的につながっていません。先輩が競技の達人であるかはわかりませんし、仮にそうだとしても教えるのも上手だとは限らないからです。読んだときに「なぜ?」「本当に?」と感じてしまう主張には、このような**論理の飛躍**があることがよくあります。ここから先、論理の飛躍を「A↓X」と表しますね。

この回のテーマである「**論証**」は、こうした**論理の飛躍を埋める作業**です。

先ほどの「この競技で上達するためには、先輩のアドバイスを守ることが大切である」という主張では、「上達する」（A）と「先輩のアドバイスを守る」（X）がつながっていませんでしたね。このような場合は「上達する」（A）について、根拠や理由をはっきりさせると、論理の飛躍がなくなります。

たとえば、「上達するためには練習が必要である。効果的な練習方法は、この競技の達人である先輩がよく知っている。そして、先輩は後輩に教えるのも上手である。だから、先輩のアドバイスを守れば上達する可能性が高い。」というように説明すればいいのです。

図に表すと次のようになります。

A　上達する

- 上達するためには練習が必要である
- 効果的な練習方法は、この競技の達人である先輩がよく知っている
- 先輩は後輩に教えるのも上手である
- 先輩のアドバイスを守れば上達する可能性が高い

X　先輩のアドバイスを守る

このように**「根拠を述べて主張を導くこと」を「論証」と言います。**

ただ、主張へと続く根拠が一つであるとは限りません。複数の根拠があるケースも当然あります。

実は、論証には次の四つのフレームがあります。それが、**「単純な論証」「論証の連鎖」「結合論証」「合流論証」**です。これらのフレームを使うことによって論証をとらえやすくなりますので、ぜひ覚えておきましょう。

①単純な論証

根拠 → 主張

「単純な論証」とは、**一つの根拠から主張を導く論証**です。

例　A社のスマホの月額料金は安い。（根拠）だから、多くの人に利用されている。（主張）

②論証の連鎖

根拠 → 根拠 → 主張

「論証の連鎖」とは、**根拠にさらに根拠があるもの**です。

例　A社のスマホは主にネットで販売されている。（根拠）そのため、月額料金が安い。（根拠）だから、多くの人に利用されている。（主張）

③結合論証

根拠① ＋ 根拠②
↓
主張

「**結合論証**」とは、**根拠①と根拠②がセットになって一つの主張を導くもの**です。この場合、根拠が片方欠けると論証が成立しません。

例

根拠① A社のスマホのプランでは動画を見なければ月額料金が安い。根拠② 今月は料金が高かった。

主張 だから、今月は動画をたくさん見たということだ。

もし、動画を見なければ月額料金が安いという根拠がなければ、もしくは、今月は料金が高かったという根拠がなければ、動画をたくさん見たとは言えません。

このように、**二つの根拠のうちどちらかが否定されるとこの論証は成立しない**ことがわかります。これが「**結合論証**」です。

④合流論証

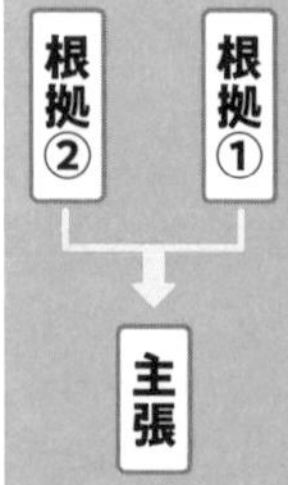

「**合流論証**」とは、**一つの主張に対して異なる二つの根拠が述べられるもの**です。

例

根拠① A社のスマホの月額料金は安い。また、根拠② プランも充実している。だから、主張 多くの人に利用されている。

この論証では、根拠が二つ述べられます。根拠が二つ述べられている点では「結合論証」と同じです。

しかし、**「合流論証」はどちらか片方の根拠が仮に否定されたとしても、論証としては成立する**という性質があります。

たとえば、プランが充実しているという条件がなくても、「A社のスマホの月額料金は安い。だから、多くの人に利用されている」というように論証が成立します。また、A社のスマホの月額料金が安いという条件がなくても、「A社のスマホはプランが充実している。だから、多くの人に利用されている」というように論証が成立します。

これが「**合流論証**」の特徴です。

実際に文章を読むときには、ここまで詳しく分析できなくても、根拠と主張の結びつきをとらえるだけで文章の内容を把握しやすくなります。常に根拠を探しながら読んでいくように心がけましょう。
それでは、**例題**をやってみましょう。

例題 3

次の文章を読んで、後の問いに答えよ。 2020年 國學院大

カメラを被写体に向けさえすれば、とりあえずどんな映画でも撮れる実写映画とは異なり、アニメーション映画は被写体をふくめて、すべてを一からつくりださなければならない映画である。それゆえ一般に製作時間と製作費が実写映画にくらべて余計にかかることになっている。そのためアニメーション映画では、その主要素たるキャラクターを映画館外で商品化し、その人気と売り上げによって製作費の回収をはかり利益をあげるという商慣習が一般的である。その意味でアニメーション映画はまずキャラクターありきの表象世界という傾向が強い（多くの高予算実写映画においてスターが強調される現象と似ていなくもない）。したがってアニメーション映画においては一般に主要登場人物（擬人化された動物やロボットをふくむ）を中心にフレーミングや画面構成がおこなわれることになる。

（加藤幹郎『アニメーションの映画学』より）

問　傍線部「アニメーション映画においては一般に主要登場人物（擬人化された動物やロボットをふくむ）を中心にフレーミングや画面構成がおこなわれる」の理由として最も適切なものを次の①～⑤から一つ選べ。

① 実写映画と異なり、アニメーション映画はすべてを一から作り上げるため登場人物への思い入れが強くなることが多いから。

② 一般にアニメーション映画では、登場するキャラクターを映画館以外で商品化することで興行的な成功を得ようとするから。

③ 等身大の俳優が活躍する実写映画に対して、アニメーション映画は、製作者自らが作り出したキャラクターの存在を前提とした表象世界であるから。

④ 実写より制作にコストがかかるアニメーション映画では、主要素としてのキャラクターを強調し商品化して、利益を上げる必要があるから。

⑤ 予算のかかるスターを起用した実写映画と同様、アニメーション映画は、手間暇かけて制作した主たるキャラクターの活躍を中心に描かれることになるから。

読む

カメラを被写体に向けさえすれば、とりあえずどんな映画でも撮れる実写映画とは異なり、アニメーション映画は被写体をふくめて、すべてを一からつくりださなければならない映画である。それゆえ一般に製作時間と製作費が実写映画にくらべて余計にかかることになっている。そのためアニメーション映画では、その主要素たるキャラクターを映画館外で商品化し、その人気と売り上げによって製作費の回収をはかり利益をあげるという商慣習が一般的である。その意味でアニメーション映画はまずキャラクターありきの表象世界という傾向が強い（多くの高予算実写映画においてスターが強調される現象と似ていなくもない）。したがってアニメーション映画においては一般に主要登場人物（擬人化された動物やロボットをふくむ）を中心にフレーミングや画面構成がおこなわれることになる。

「実写映画」と「アニメーション映画」の違いが説明された後、アニメーション映画の特徴が説明され、最後に「主張」が展開されます。この文章の展開を図にまとめると次のようになります。

根拠

①被写体が実在する実写映画と異なり、
アニメーション映画は被写体をふくめて、すべてを一からつくりださなければならない

⇦

②実写映画にくらべて製作時間と製作費が余計にかかる

⇦

③キャラクターを商品化し、
その人気と売り上げによって製作費を回収し利益をあげるという商慣習が一般的である

⇦

主張

アニメーション映画においては一般に主要登場人物を中心にフレーミングや画面構成がおこなわれることになる

解く

傍線部の理由を説明する問題です。傍線部の前で「**根拠**」が説明されています。これは根拠が三つ連なる「**論証の連鎖**」だということがわかれば正解できるでしょう。

正解は④「実写より製作にコストがかかるアニメーション映画では、主要素としてのキャラクターを強調し商品化して、利益を上げる必要があるから。」です。ここでも「(アニメーション映画は) コストがかかる」と「キャラクターを強調し商品化して、利益を上げる必要がある」という二つの根拠が連なっていますね。

他の選択肢を検討してみましょう。

①は「登場人物への思い入れが強くなることが多い」が誤りです。製作者の思い入れについての記述は、本文にありません。

②は「興行的な成功を得ようとする」が誤りです。本文には「利益を上げる」と書かれていました。

③は「等身大の俳優が活躍する実写映画」が誤りです。本文を読むと、実写映画は「カメラを被写体に向けさえすれば、とりあえずどんな映画でも撮れる」ことはわかりますが、「等身大の俳優が活躍する」かどうかはわかりません。「等身大」とは、「誇張や虚飾がなく、ありのままである様子」といった意味です。

⑤は「予算のかかるスターを起用した実写映画と同様」が誤りです。本文では実写映画とアニメーション映画の違いが説明されていました。

「論証」のフレームを意識することによって、本文が読みやすくなるだけでなく、問題も解きやすくなります。

ここでは、四つのフレームのうち「**論証の連鎖**」を使いました。基本とも言える「**単純な論証**」を理解したうえで、残りの二つである「**結合論証**」と「**合流論証**」についても理解すれば、さらに問題を解きやすくなりますよ。

続いて、**実践問題**を解いていきましょう。

実践問題

3 **次の文章を読んで、後の問いに答えよ。** 2018年 立教大

①　正しいかどうかについて多くの人が気にするものの一つに敬語表現がある。相手に食べるように勧めて「いただいてください」と言ったら、誤りだろうか。「いただいてくださいは誤り」で、「召し上がってくださいと言わなければならない」とするのが模範解答だろう。では、「いただいてください」は日本語の敬語としてはまったくの誤りで使ってはいけないものなのだろうか。

②　「いただく」は謙譲語で、動作主のへりくだりを表す。「召し上がる」は尊敬語で、動作主に対する敬意を表す。説明されなくてもそんなことはとうにご存じかもしれない。近年の国語教育では少しずつ変わってきているが、敬語を尊敬語と謙譲語の対に丁寧語を加えて説明することは今でも行われている。これに、美化語や丁重語を加えることもあるが、国語教育や文法教育における敬語の扱いは、ここ数十年大きく変わってはおらず、マイナーチェンジがある程度である。

③ 実は、さきほどの「いただく」に関する模範解答は、表向きの模範解答ではあるが、常に成り立つ万能の答えではない。というのも、たいていの「いただく」は謙譲語だが、謙譲語でない場合もあるのである。例えば、「新茶の季節になりましたね。今週は毎朝食後に新茶をいただいています」と言うとき、自分でお茶を買い、自分の飲むお茶を自分で入れているのであれば、へりくだって敬意を表す相手が存在しない。よって、これは厳密な意味での謙譲語ではない。つまり、「いただく」には、謙譲語としての用法と厳密な謙譲語から逸脱する用法が存在するわけである。だから、謙譲語でない「いただく」の場合は、さきほど模範解答と称した説明も、模範解答もどきでしかなく、[1]謙譲語であることを根拠に「間違い」というレッテルを貼るのは、ある意味で、冤罪《えんざい》のようなものである。

④ すべての苺が甘いとは言えないように、すべての「いただく」が謙譲語だとは言えない。甘い苺でもさらに甘い生クリームと一緒に食べると酸味を感じることがあるように、謙譲語も相対的に謙譲の度合いが強く明確であることもあるが、一方で、比較する表現によってはそれほど謙譲性が感じられないこともある。「へりくだっている」かどうかをデジタルに判定できるほど単純ではないのだ。また、昔の苺と今の苺が違うように、時代によってもことばの感じ方は異なる。たかだか三十年か四十年で文法が変わるのかと疑問に思う人があるかもしれないが、まったく別のものにすっかり変わることは考えにくいものの、新しい用法が広がったり、他の表現との兼ね合いで頻度が変わったりすることは十分あり得る。

⑤ もちろん、「いただく」がたいていの場合謙譲語であることは事実だが、実際に謙譲用法に使われているかどうかを見ずに決めつけることはできない。それなのに、「いただく＝謙譲語」と断定

してしまうのは、[2]過剰な一般化であり、単純化である。確かに、規則や情報は単純なほうが覚えやすく、また、適用範囲が広いほど楽ができる。しかし、単純化や一般化は度が過ぎると、ただおおざっぱで雑な扱いになり、細かな判断をしないまま怠惰な対応になってしまう。過剰な一般化の背景には、教育上の問題もあるが、ことばの規範に関する考え方もある。また、言語現象の複雑さもあり、その隙を突く妙なロジックに人が簡単に説得されてしまうことも深く関わっている。

（加藤重広『日本人も悩む日本語』より）

問一 傍線部1「謙譲語であることを根拠に「間違い」というレッテルを貼るのは、ある意味で、冤《えん》罪《ざい》のようなものである」について、その理由として最も適切なものを次の①～⑤から一つ選べ。

① 本来は謙譲語としての用法しかないのに、厳密な謙譲語ではない用法が恣意的に生み出されているため。

② 厳密な謙譲語ではない用法があるのに、それが誤りであるかのような判断が広まってしまっているため。

③ 動作主がへりくだった用法は、あたかも、すべて謙譲語であるかのように捉えられてしまっているため。

④ 謙譲語であるとも謙譲語でないともとれる用法なのに、謙譲語だという決めつけが一般化してしまっているため。

⑤ 厳密には謙譲語とはいえない用法も模範解答に含め、それ以外は間違いと判断されてしまっているため。

問二　傍線部2「過剰な一般化」について、その説明として最も適切なものを次の①〜⑤から一つ選べ。

① 一部の者しか知らないことを、あたかも誰もが知っている常識であるかのように想定すること。

② すべての事例に妥当するとは限らないことを、あたかもすべてに妥当するかのように想定すること。

③ 厳密にはそれぞれ異なっている事柄を、あたかも差異がないかのように想定すること。

④ どこにでもあるようなありふれた状況を、あたかも極端な事例であるかのように想定すること。

⑤ いまだ広く賛同を得られていない意見を、あたかも多数の意見であるかのように想定すること。

読む

1　正しいかどうかについて多くの人が気にするものの一つに敬語表現がある。相手に食べるように勧めて「いただいてください」と言ったら、誤りだろうか。「いただいてくださいは誤り」で、「召し上がってくださいと言わなければならない」とするのが模範解答だろう。では、「いただいてください」は日本語の敬語としてはまったくの誤りで使ってはいけないものなのだろうか。

2　「いただく」は謙譲語で、動作主のへりくだりを表す。「召し上がる」は尊敬語で、動作主に対する敬意を表す。説明されなくてもそんなことはとうにご存じかもしれない。近年の国語教育では少しずつ変わってきているが、敬語を尊敬語と謙譲語の対に丁寧語を加えて説明することは今でも行われている。これに、美化語や丁重語を加えることもあるが、国語教育や文法教育における敬語の扱いは、ここ数十年大きく変わってはおらず、マイナーチェンジがある程度である。

③**実は**、さきほどの「いただく」に関する模範解答は、表向きの模範解答ではあるが、常に成り立つ万能の答えではない。**というのも**、たいていの「いただく」は謙譲語だが、謙譲語でない場合もあるのである。（具体例 **例えば**、「新茶の季節になりましたね。今週は毎朝食後に新茶をいただいています」と言うとき、自分でお茶を買い、自分の飲むお茶を自分で入れているのであれば、へりくだって敬意を表す相手が存在しない。よって、これは厳密な意味での謙譲語ではない。）**つまり**、「いただく」には、謙譲語としての用法と厳密な謙譲語から逸脱する用法が存在するわけである。**だから**、謙譲語でない「いただく」の場合は、さきほど模範解答と称した説明も、模範解答もどきでしかなく、1 謙譲語であることを根拠に「間違い」というレッテルを貼るのは、ある意味で、冤罪《えんざい》のようなものである。

第①段落では、「いただいてください」は通常は誤りだと考えられているが、本当にそうなのだろうかという 覚醒Check!▶ **問題提起**がなされていますね。**問題提起があれば必ず答えがあります。**その答えこそが筆者の「**主張**」になるので、答えを探しながら読んでいきましょう。

第②段落では、「いただく」が謙譲語であるという一般的な考え方が示されています。

第③段落では、「いただいてくださいは誤り」で、「召し上がってくださいと言わなければならない」という模範解答が、常に成り立つ答えではないと主張されます。「いただく」はたいていの場合は謙譲語ですが、謙譲語でない場合もあるからです。

このような本文の内容をふまえたうえで、「**主張**」とその「**根拠**」を図にまとめると次のようになります。

根拠
① 「いただく」には、謙譲語としての用法と厳密な謙譲語から逸脱する用法が存在する
② 「いただく」を謙譲語だと考えることを前提に出した模範解答は、常に成り立つ万能の答えではない

主張
謙譲語であることだけを根拠に、「いただいてください」を「間違い」だと考えてはいけない

続く第④段落以降も確認しましょう。

④ すべての苺が甘いとは言えないように、すべての「いただく」が謙譲語だとは言えない。甘い苺でもさらに甘い生クリームと一緒に食べると酸味を感じることがあるように、謙譲語も相対的に謙譲の度合いが強く明確であることもあるが、一方で、比較する表現によってはそれほど謙譲性が感じられないこともある。「へりくだっている」かどうかをデジタルに判定できるほど単純ではないのだ。また、昔の苺と今の苺が違うように、時代によってもことばの感じ方は異なる。たかだか三十年か四十年で文法が変わるのかと疑問に思う人があるかもしれないが、まったく別のものにすっかり変わることは考えにくいものの、新しい用法が広がったり、他の表現との兼ね合いで頻度が変わったりすることは十分あり得る。

⑤ もちろん《譲歩》、「いただく」がたいていの場合謙譲語であることは事実だが、実際に謙譲用法に使わ

れているかどうかを見ずに決めつけることはできない。それなのに、「いただく＝謙譲語」と断定してしまうのは、[2]過剰な一般化であり、単純化である。[譲歩]確かに、規則や情報は単純なほうが覚えやすく、また、適用範囲が広いほど楽ができる。しかし、単純化や一般化は度が過ぎると、ただおおざっぱで雑な扱いになり、細かな判断をしないまま怠惰な対応になってしまう。過剰な一般化の背景には、教育上の問題もあるが、ことばの規範に関する考え方もある。また、言語現象の複雑さもあり、その隙を突く妙なロジックに人が簡単に説得されてしまうことも深く関わっている。

第④段落では、「すべての『いただく』が謙譲語だとは言えない」ということと、「時代によってもことばの感じ方は異なる」ことが説明されます。

第⑤段落では、「いただく＝謙譲語」と断定してしまうのは「過剰な一般化であり、単純化である」としたうえで、最後に過剰な一般化の危険性が指摘されていますね。

ここまでを図にまとめると次のようになります。

根拠 すべての「いただく」が謙譲語だとは言えない

⇐

主張 **「いただく＝謙譲語」と断定してしまうのは、過剰な一般化であり、単純化である**

解く

問一　傍線部を含む一文を分析して、本文で解答の根拠を探す。

傍線部の理由を説明する問題です。傍線部を見ると、**一般的な論証に対して、筆者が反論していること**がわかります。まずは一般的な論証の内容を確認しましょう。

根拠　「いただく」は謙譲語である
⬅
主張　**「いただいてください」は誤りで、「召し上がってください」と言わなければならない**

筆者はこうした一般的な論証に対して「**反論**」します。

このような「**反論**」をする場合、まずは**一般論の「根拠」を否定します**。根拠を否定すれば、その後の主張も成立しなくなってしまうからです。さらに「反例」となるような具体例を出せば、その内容を根拠に自分の主張につなげていけます。この場合の「反例」は、本文中の「今週は毎朝食後に新茶をいただいていますす」という一文です。この例を出すことで、謙譲語であることだけを根拠に「いただいてください」を誤りだと考えてはいけないと主張しています。

根拠の否定

① 「いただく」には謙譲語としての用法と厳密な謙譲語から逸脱する用法がある

⬅ ② 「いただく」は謙譲語であるというのは、必ずしも正しくない

⬅ **主張の否定**

「いただく」が謙譲語であることを根拠に「いただいてください」を「間違い」だと判断してはいけない

以上のような「反論」をふまえて解答するとよいでしょう。

正解は、②「厳密な謙譲語ではない用法があるのに、それが誤りであるかのような判断が広まってしまっているため。」となります。根拠の否定になっていますね。

①は「本来は謙譲語としての用法しかない」が誤りです。「いただく」には謙譲語ではない用法もありました。

③は「動作主がへりくだった用法は、あたかも、すべて謙譲語であるかのように捉えられてしまっている」が誤りです。筆者が否定しているのはこのポイントではありません。「いただく」には謙譲語でない用

法があるのに、「いただく」が謙譲語であることを根拠に「いただいてください」という使い方の正誤が判断されることを否定しているのです。

④は「謙譲語であるとも謙譲語でないともとれる用法」が誤りです。

⑤は「厳密には謙譲語とはいえない用法も模範解答に含め」が誤りです。本文中の「模範解答」では「いただく」が「召し上がる」という尊敬語に訂正されていました。

問二　傍線部を含む一文を分析して、本文で解答の根拠を探す。

傍線部の内容を説明する問題です。傍線部を含む一文とその直前の一文は、次のようになっています。

本文27行目のここから！

もちろん、「いただく」がたいていの場合謙譲語であることは事実だが、実際に謙譲用法に使われているかどうかを見ずに決めつけることはできない。それなのに、「いただく＝謙譲語」と断定してしまうのは、2過剰な一般化であり、単純化である。

謙譲用法以外の用法もあるのに「いただく＝謙譲語」と断定することは、「過剰な一般化」であると述べられています。「一般化」とは、さまざまな違いがあるものの共通点を見出して一つの内容にまとめることを言います。これらをふまえて解答しましょう。

正解は、②「すべての事例に妥当するとは限らないことを、あたかもすべてに妥当するかのように想定すること。」となります。

①は「一部の者しか知らないこと」が誤りです。「『いただく＝謙譲語』と断定してしまうのは」という主部を確認しましょう。これは「一部の者しか知らないこと」ではないですね。

③は「厳密にはそれぞれ異なっている事柄」が誤りです。筆者は、ほとんどの「いただく」が謙譲語であることを前提にしつつ、それでも、実際の用法を見ずに決めつけることはできないと述べているのです。

④は「極端な事例であるかのように想定すること」が誤りです。これは「一般化」ではありません。

⑤は「あたかも多数の意見であるかのように想定すること」が誤りです。これもまた、「一般化」とは違う内容になっていますね。

覚醒Check!▶「論証」は筆者が主張を伝えるための説得術（＝レトリック）の中でも最も重要なものです。筆者が論証によって主張を展開していることを知っておけば、複雑に見える文章でも、読解しやすくなります。

論証の「四つのフレーム」を意識しながら読んでいきましょう。

覚醒ポイント

まずは、主張の「飛躍」している部分を見つける。その後、「四つのフレーム」を意識して根拠をつかもう。

第4章

「**論証**」のフレームワーク②

知っていれば有利！「演繹《えんえき》」と「帰納」のカタチ

今回も「**論証**」について学びましょう。

前回は論証の四つのフレームを学びました。今回はその四つのフレームのうちの「**結合論証**」について、さらに詳しく学んでいきます。

「**結合論証**」とは「**根拠①」と「根拠②」がセットになって、「主張」を導くもの**。そして、「**根拠①」と「根拠②」のどちらかが否定されると、論証が成立しないというもの**でした。

ところで、実はこの「**結合論証**」は大きく分けると二種類あります。

それが「**演繹《えんえき》**」と「**帰納**」です。この「**演繹**」と「**帰納**」は現代文の中で特に重要な考え方なので、ぜひ身につけてください。

ここから先、「根拠」を「**前提**」に、「主張」を「**帰結**」に、それぞれ言い換えて説明します。

まずは「**演繹**」からいきましょう。「**演繹**」とは**「一般的な前提から、より個別的な結論を導き出す推論の方法」**です。これだけ聞いても、ちょっとよくわかりませんね。

たとえば、「私は夏目漱石の作品を読むと必ず深い感動を覚える。『こころ』は夏目漱石の作品である。だから私は『こころ』を読んで深い感動を覚える。」という論証があったとします。

ここでは、「私は夏目漱石の作品を読むと必ず深い感動を覚える」という一般的な前提から、「私は『こころ』を読んで深い感動を覚える」という個別的な結論が導き出されています。

この「**演繹**」にはもう一つポイントがあります。それは**「前提を正しいと認めたならば、帰結も必ず正しい」**ということです。

この場合、「私は夏目漱石の作品を読むと必ず深い感動を覚える」という前提と「『こころ』は夏目漱石の作品である」という前提が正しいとするとき、「私は『こころ』を読んで深い感動を覚える」という帰結が必ず正しいと認められます。

いわゆる**「論理的な推論」**にあたるものですが、これは「**演繹**」が基本なのです。

一方で、**「帰納」**とは**「個別的な事例から一般的な規則や法則を見出そうとする推論の方法」**です。

たとえば、「『こころ』は感動的な作品である。『三四郎』は感動的な作品である。『こころ』も『三四郎』も夏目漱石の作品である。だから、夏目漱石の作品はすべて感動的である。」という論証があったとします。

ここでは、「『こころ』は感動的な作品である」「『三四郎』は感動的な作品である」という事例から、「夏目漱石の作品はすべて感動的である」という結論が導き出されています。

そして、この「帰納」は「演繹」とは異なり、**「前提が正しいと認められたとしても、帰結が正しいとは限らない」**のです。

『こころ』が感動的な作品であり、『三四郎』も感動的な作品であったとしても、たとえば、『吾輩は猫である』が感動的な作品でないならば、夏目漱石の作品が「すべて」感動的とは言えないですよね。

このように**「結合論証」には「演繹」と「帰納」という二種類があります。**

演繹
…一般的な前提から、より個別的な結論を導き出す推論の方法
（前提を正しいと認めたならば、帰結も必ず正しい）

帰納
…個別的な事例から一般的な規則や法則を見出そうとする推論の方法
（前提が正しいと認められたとしても、帰結が正しいとは限らない）

「**演繹**」と「**帰納**」がわかれば、文章の展開を把握しやすくなります。

また、「**演繹**」と「**帰納**」は、現代文の文章の中にもよく出てくる言葉なので、やはり概念《がいねん》を理解しておいたほうが有利ですね。

そして実は、「**演繹**」と「**帰納**」という概念を知っていないと解けない問題が出題されることもあります。

今回の **例題** はそのパターンです。ここまでに学んだことをふまえて取り組んでみてください。

例題 4

次の文章を読んで、後の問いに答えよ。 2020年 早稲田大

推論のプロセスとしては、一般に次のA～Cのタイプが考えられる。

A. 論理的な推論

B. 語用論的な推論

C. 主観的・飛躍的な推論

この種の推論のうち、Aの論理的な推論のプロセスの一種としては、次のような形式論理学における三段論法の推論のプロセスが考えられる。

（大前提）：人間は死ぬ運命にある。

（小前提）：ソクラテスは人間である。

（結論）：↓ソクラテスは死ぬ運命にある。

この三段論法では、大前提（人間は死ぬ運命にある）と小前提（ソクラテスは人間である）の命題が真であるならば、この二つの前提から必然的に結論（ソクラテスは死ぬ運命にある）が真であることが□的に推論される。この種の推論は、論理的な推論の典型例である。

（山梨正明『修辞的表現論　認知と言葉の技巧』より）

問 □に入る語句として最も適切なものを次の①～④から一つ選べ

① 必然　② 演繹　③ 帰納　④ 主観

推論のプロセスとしては、一般に次のA〜Cのタイプが考えられる。

A. 論理的な推論

B. 語用論的な推論

C. 主観的・飛躍的な推論

この種の推論のうち、Aの論理的な推論のプロセスの一種としては、次のような形式論理学における三段論法の推論のプロセスが考えられる。

具体例

（大前提）：人間は死ぬ運命にある。

（小前提）：ソクラテスは人間である。

（結論）：→ソクラテスは死ぬ運命にある。

この三段論法では、大前提（人間は死ぬ運命にある）と小前提（ソクラテスは人間である）の命題が真であるならば、この二つの前提から必然的に結論（ソクラテスは死ぬ運命にある）が真であることが［　　］的に推論される。この種の推論は、論理的な推論の典型例である。

冒頭の部分では、推論のプロセスが分類されています。

5行目からは、そのうちAの「論理的な推論」が詳しく説明されます。論理的な推論の具体例が挙げられていますね。まとめると、次のようになります。

根拠①（大前提）
人間は死ぬ運命にある

＋

根拠②（小前提）
ソクラテスは人間である

⬅

主張（結論）
ソクラテスは死ぬ運命にある

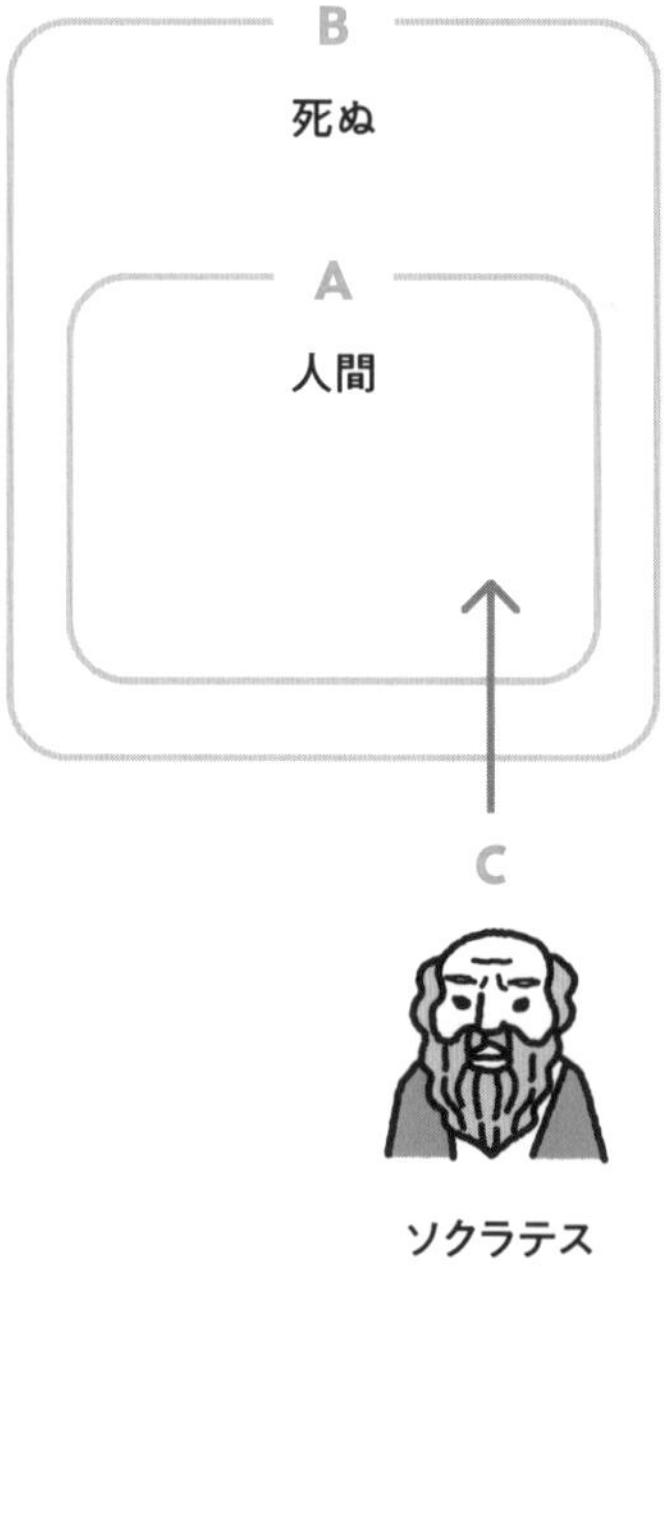

解く

空欄補充の問題です。□のある一文を見ると、前提の命題が真であるならば、前提から必然的に結論が真であることが推論されると説明されています。このような推論のことを「**演繹**」と呼ぶのでしたね。

正解は、②の「演繹」です。

その他の選択肢も検討してみましょう。

まず正解の候補からはずせるのは、④の「主観」です。「主観」は誰が見ても正しいものではないですよね。

そして、③の「帰納」は「前提を正しいと認めたとしても、結論が必ずしも正しいとは限らない」ものだったので、これも誤りです。

そして、①の「必然」ですが、必然を［　　］にあてはめると、「必然的に帰結が真であることが必然的に推論される」となってしまいます。重複が起きてしまうため、「必然」を入れることはできません。

続いて、**実践問題**を解いていきましょう。

実践問題

4　次の文章を読んで、後の問いに答えよ。　2019年 成蹊大

① リスクとは何か？　1リスクは、とりたてて現代に―後期近代に―現れたものではなく、伝統社会にもあふれていたのではないか？　たとえば自然災害の脅威―それは伝統社会においてより大きかったはずである―は、リスクではないのか？　そうではない。そのことを理解するためには、リスク risk と危険 danger との相違を把握しておかなくてはならない。リスクは、選択・決定との相関でのみ現れる。リスクは、選択・決定に伴う不確実性（の認知）に関連しているのだ。リスクとは、何事かを選択したときに、それに伴って生じると認知された―不確実な損害―のことなのである。それゆえ、地震や旱魃《かんばつ》のような天災、突然外から襲ってくる敵、（民衆にとっての）暴政などは、リスクではない。それらは、自らの選択の帰結とは認識されていないからである。とすれば、リスクが一般化するのは、少なくとも近代以降だということになる。社会秩序を律する規範やその環境が、人間の選択の産物であるとの自覚が確立した後でなければ、そもそも、リスクが現れようがないからである。

②ここで、リスク社会のリスクに関して直ちに見出しうる特徴をはっきりさせておかなくてはならない。リスク社会のリスクには、二つの顕著な特徴がある。第一に、予想され、危惧されているリスクは、しばしば、きわめて大きく、破壊的な結果をもたらす。たとえば、温室効果ガス（二酸化炭素等）の増大に代表される、自然生態系の破壊は、リスクの典型だが、その結果は、場合によっては、人類の、あるいは地球の生物全体の絶滅でさえありうる。あるいは、テロもまた、リスク社会のリスクだが、それがもたらす死傷者数や精神的なダメージがいかに大きなものであるかを、われわれはすでによく知っている。

③第二に、このようなリスクが生じうる確率は、一般に、非常に低いか、あるいは計算不能である。たとえば、地球の温暖化によってある島が完全に水没してしまう確率を、きちんと算定することはほとんど不可能である。あるいは、東京やロンドンのような、先進国の大都市で無差別テロが起こりうることは分かっているが、その確率は、非常に低いと見積もらざるをえない。

④つまり、リスクがもたらす損害は、計り知れないほどに大きいが、実際にそれが起こる確率は、きわめて小さい（と考えないわけにはいかない）。それゆえ、損害の予想（確率論でいうところの期待値）に関して、人は、互いに相殺しあうような分裂した感覚をもたざるをえない。

⑤述べてきたように、リスク社会は、社会システムが、マクロなレベルでも、ミクロなレベルでも、人間の選択の所産であることが自覚されている段階に登場する。システムの再帰性の水準が上昇し、システムにとって与件と見なされるべき条件が極小化してきた段階の社会である。このとき、ときに[2]皮肉な結果に立ち会うことになる。リスクの低減や除去をめざした決定や選択そのものが、リスクの原因となるのだ。たとえば、石油等の化石燃料の枯渇はリスクだが、それに対処し

ようとして原子力発電を導入した場合には、それが新たなリスクの源泉となる。あるいは、テロへの対抗策として導入された、徹底したセキュリティの確保は、それ自体、新たなリスクでもある。このように、リスクそれ自体が自己準拠的にもたらされるのである。

（大澤真幸『不可能性の時代』より）

問一　傍線部１「たとえば自然災害の脅威―それは伝統社会においてより大きかったはずである―は、リスクではないのか？　そうではない」とあるが、筆者はなぜそう述べているのか。最も適切なものを次の①～④から一つ選べ。

①自然災害を最新の科学の力によって完全に予防しようとしても無駄なことであるから。
②伝統社会では宗教的な観点から自然災害を自らへの罰として受け入れざるを得なかったから。
③仮に被害が甚大だったとしても自然災害は選択の結果として生じるものとはいえないから。
④高層建築が少ない伝統社会では自然災害が起こっても現代ほど大きな損害は生じなかったから。

問二　傍線部２「皮肉な結果」とあるが、筆者はなぜ「皮肉」と述べているのか。最も適切なものを次の①～④から一つ選べ。

①リスクの恐怖から逃れるために批判や皮肉を言うことが好まれるから。
②リスクを減らすために行った施策がまた新たなリスクの原因になるから。
③リスクを計算することによって自分だけが利益を得ようとする者が出てくるから。
④リスクを減らすための施策を行ってもその施策とは無関係のリスクが新たに生じるから。

読む

第①段落では、「リスクとは何か」「リスクとは現代に現れたものではなく伝統社会にもあふれていたのではないか」という **覚醒Check!**▶ **問題提起をして、答えを出します。**

①　リスクとは何か？　リスクは、とりたてて現代に―後期近代に―現れたものではなく、伝統社会にもあふれていたのではないか？　たとえば自然災害の脅威―それは伝統社会においてより大きかったはずである―は、リスクではないのか？　そうではない。そのことを理解するためには、リスク risk と危険 danger との相違を把握しておかなくてはならない。リスクは、選択・決定との相関でのみ現れる。リスクは、選択・決定に伴う不確実性（の認知）に関連しているのだ。リスクとは、何事かを選択したときに、それに伴って生じると認知された―不確実な損害―のことなのである。それゆえ、地震や旱魃《かんばつ》のような天災、突然外から襲ってくる敵、（民衆にとっての）暴政などは、リスクではない。それらは、自らの選択の帰結とは認識されていないからである。とすれば、リスクが一般化するのは、少なくとも近代以降だということになる。社会秩序を律する規範やその環境が、人間の選択の産物であるとの自覚が確立した後でなければ、そもそも、リスクが現れようがないからである。

「リスク」とは、何かを選択したとき、それに伴って生じると認知された不確実な損害のことです。自然災害の脅威などは自らの選択の帰結とは認識されていないので、「リスク」とは考えられません。

そうであれば、「リスク」が一般化するのは、「少なくとも近代以降」ということになります。なぜなら、社会秩序を律する規範やその環境が「人間の選択」の産物であると自覚されるようになったのは近代以降だからです。ここまでを図にまとめると次のようになります。

根拠① リスクとは、何かを選択したときに、それに伴って生じると認知された不確実な損害である

＋

根拠② 近代以前は社会秩序を律する規範やその環境が人間の選択の産物であると自覚されていない

⇐

主張 **リスクが一般化するのは、少なくとも近代以降だということになる**

続いて、第②段落から第④段落を見ていきましょう。

② ここで、リスク社会のリスクに関して直ちに見出しうる特徴をはっきりさせておかなくてはならない。リスク社会のリスクには、二つの顕著な特徴がある。第一に、予想され、危惧されているリスクは、しばしば、きわめて大きく、破壊的な結果をもたらす。たとえば、温室効果ガス（二酸化炭素等）の増大に代表される、自然生態系の破壊は、リスクの典型だが、その結果は、場合によっ

ては、人類の、あるいは地球の生物全体の絶滅でさえありうる。あるいは、テロもまた、リスク社会のリスクだが、それがもたらす死傷者数や精神的なダメージがいかに大きなものであるかを、われわれはすでによく知っている。

③列挙 第二に、このようなリスクが生じうる確率は、一般に、非常に低いか、あるいは計算不能である。具体例 たとえば、地球の温暖化によってある島が完全に水没してしまう確率を、きちんと算定することはほとんど不可能である。あるいは、東京やロンドンのような、先進国の大都市で無差別テロが起こりうることは分かっているが、その確率は、非常に低いと見積もらざるをえない。

④まとめ つまり、リスクがもたらす損害は、計り知れないほどに大きいが、実際にそれが起こる確率は、きわめて小さい（と考えないわけにはいかない）。それゆえ、損害の予想（確率論でいうところの期待値）に関して、人は、互いに相殺しあうような分裂した感覚をもたざるをえない。

第②段落と第③段落では、「リスク」の二つの特徴が説明されます。一つは「予想され、危惧されているリスクは、しばしば、きわめて大きく、破壊的な結果をもたらす」ということ。もう一つは「このようなリスクが生じうる確率は、一般に、非常に低いか、あるいは計算不能である」ということです。

そして第④段落は、第②段落と第③段落のまとめになっています。

第②段落から第④段落までを図にしてみましょう。

根拠① 予想され、危惧されているリスクは、しばしば、きわめて大きく、破壊的な結果をもたらす

＋ **根拠②** このようなリスクが生じうる確率は、一般に、非常に低いか、あるいは計算不能である

⬅ **主張** **損害の予想（確率論でいうところの期待値）に関して、人は、互いに相殺しあうような分裂した感覚をもたざるをえない**

第⑤段落では、ここまでの話をもとにした結論が出されます。

⑤ 述べてきたように、リスク社会は、社会システムが、マクロなレベルでも、ミクロなレベルでも、人間の選択の所産であることが自覚されている段階に登場する。システムの再帰性の水準が上昇し、システムにとって与件と見なされるべき条件が極小化してきた段階の社会である。このとき、ときに皮肉[2]な結果に立ち会うことになる。リスクの低減や除去をめざした決定や選択そのものが、リスクの原因となるのだ。（たとえば《具体例》、石油等の化石燃料の枯渇はリスクだが、それに対処しようとして原子力発電を導入した場合には、それが新たなリスクの源泉となる。あるいは、テロへの対抗策として導入された、徹底したセキュリティの確保は、それ自体、新たなリスクでもある。）このように《まとめ》、リスクそれ自体が自己準拠的にもたらされるのである。

まずは、ここまでの確認として「リスク社会は、社会システムが人間の選択の所産であることが自覚されている段階に登場する」ということが述べられます。そして、「リスクの低減や除去をめざした決定や選択そのものが」が「リスクの原因」となるという皮肉な結果をもたらすということが述べられます。

原因 リスクの低減や除去をめざした決定や選択

⬇

結果 新たなリスク発生

解く

問一 **傍線部を含む一文を分析して、本文で解答の根拠を探す。**

傍線部1の「たとえば自然災害の脅威—それは伝統社会においてより大きかったはずである—は、リスクではないのか？　そうではない」とは、つまり、「自然災害の脅威は、リスクではない」ということです。「自然災害の脅威」がリスクではないと言える理由を考えていきましょう。「リスク」や「自然災害の脅威」がどのようなものかを考えればわかります。

根拠①　リスクとは、何かを選択したときに、それに伴って生じると認知された不確実な損害である

＋

根拠②　（「自然災害の脅威」の説明）

地震や旱魃《かんばつ》のような天災、突然外から襲ってくる敵、（民衆にとっての）暴政などは、自らの選択の帰結とは認識されていない

⬅

主張

地震や旱魃のような天災、突然外から襲ってくる敵、（民衆にとっての）暴政などは、リスクではない

「自然災害の脅威は選択の結果ではない」ので「リスク」とは言えない、という理屈ですね。

正解は、③の「仮に被害が甚大だったとしても自然災害は選択の結果として生じるものとはいえないから。」となります。「選択の結果ではない」と指摘できている選択肢はこれしかありません。

①は、「最新の科学の力によって完全に予防しようとしても無駄」が誤りです。「リスク」は予防できるものではありません。②は、「宗教的な観点から自然災害を自らへの罰として受け入れざるを得なかった」が誤りです。「リスク」は「罰」として認識されているものではありませんでした。④は、「伝統社会では自然災害が起こっても現代ほど大きな損害は生じなかった」が誤りです。傍線部で「自然災害の脅威」は「伝統社会においてより大きかった」と述べられています。

問二　傍線部を含む一文を分析して、本文で解答の根拠を探す。

まずは「皮肉」の意味を理解しておきましょう。「皮肉」とは、「皮肉な結果になった」のように「結果」に対して用いると、「期待したのとは違う結果になってしまう」という意味になります。

そのうえで設問に注目すると、「なぜ『皮肉』と述べているのか」とありますので、結論が「皮肉だ」になるように、言い換えて考える必要があります。

修飾語　皮肉な → 被修飾語　結果

↓

主語　結果は → 述語　皮肉だ

このように、結論が最後に来るように言い換えたうえで、「結果」の説明を探しましょう。

根拠（「結果」の説明）
リスクの低減や除去をめざした決定や選択（原因）↓　新たなリスク発生（結果）

⬅

主張
この結果は皮肉だ

本文の理屈を整理すると、「リスクの低減や除去をめざした決定や選択そのもの」が、「新たなリスク」につながってしまうということになります。「決定」や「選択」は「リスクの低減や除去」を目的に行うわけですから、これが新たなリスクになってしまうのは、「期待したのとは違う結果」です。これを「皮肉」だと言っているのですね。

正解は②の「リスクを減らすために行った施策がまた新たなリスクの原因になるから」となります。

①は「リスクの恐怖から逃れるために批判や皮肉を言う」が誤りです。「結果」の説明になっていません。

③は「リスクを計算することによって自分だけが利益を得ようとする者が出てくる」が誤りです。本文にない因果関係が説明されています。

④は「その施策とは無関係のリスクが新たに生じる」が誤りです。「無関係」ではなく「因果関係」があるから、「皮肉な結果」となるのです。

このように、「**結合論証**」は読むときにも解くときにも役立ちます。ぜひマスターしましょう。

覚醒ポイント

「結合論証」には「演繹」と「帰納」の二つがある。どちらも「複数の根拠」があることを前提にチェックしよう。

第5章

「条件法」のフレームワーク

条件を正しくとらえてひっくり返す技を学ぼう

今回は**「条件法」**について学びましょう。

「条件」という言葉は、みなさんもよく聞くと思います。それでは、条件とはどんなものなのでしょうか。

たとえば、「私がテストで百点を取ったならば（A）、百円をもらう（B）。」という文があったとします。この「私がテストで百点を取ったならば（A）」の部分が条件です。この場合、「百点を取った」ときには、必ず「百円をもらう」ことになります。「百点を取っても、百円がもらえない」ということはありえません。

この関係を図で表してみましょう。

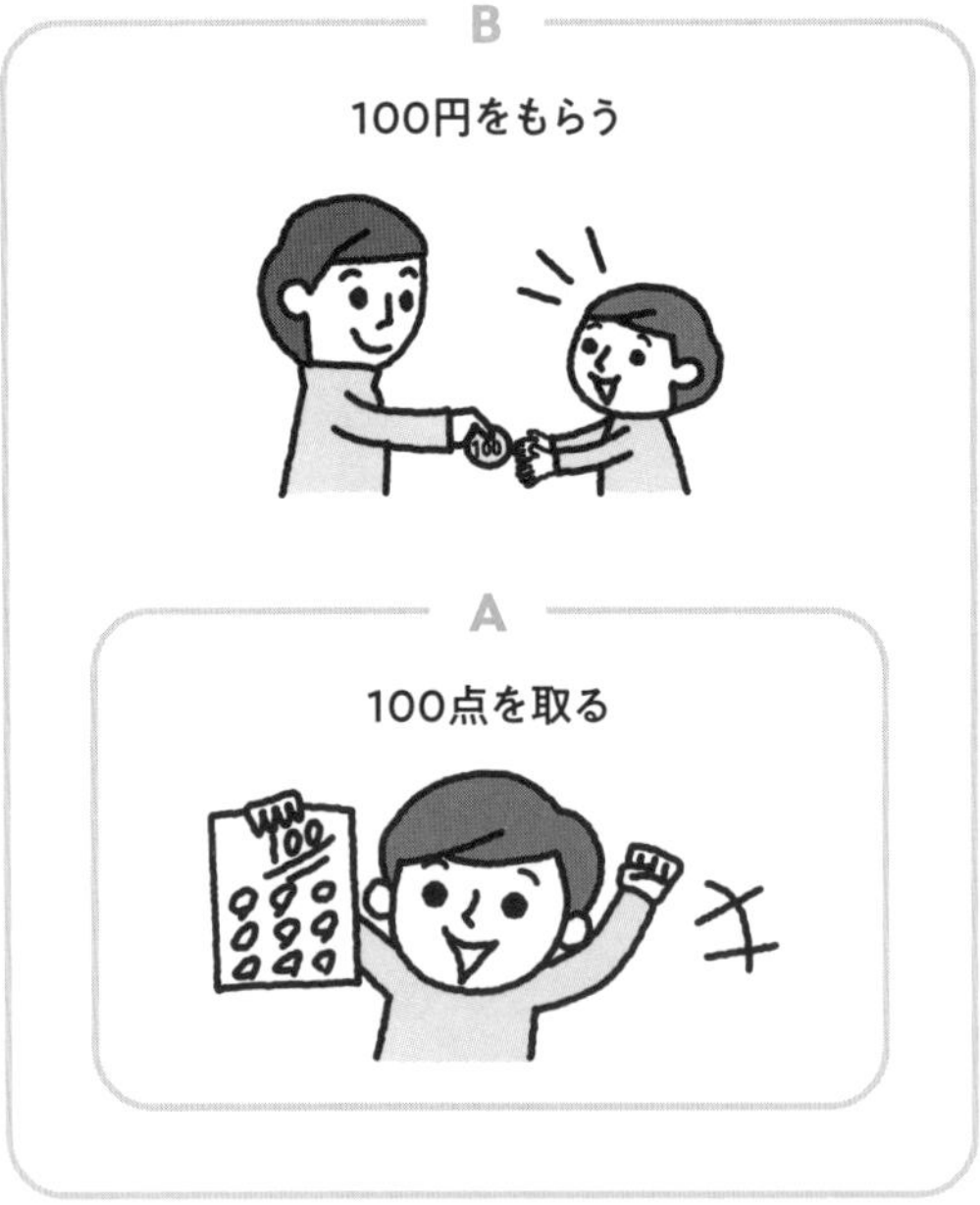

このように、**「Aが成立しているときには、必ずBも成立している」**という関係は、次のフレームで表すことができます。

「条件法」のフレーム
AならばB

「条件法」の基本のカタチは、この**「AならばB」**ですが、もう一つは**「AためにはBでなければならない」**も、**「Aが成立しているときには、必ずBも成立している」**という関係を表します。

たとえば、「公道で自動車を運転するためには、運転免許を持っていなければならない。」という文を見てみると、「公道で自動車を運転する」が成立しているときには、必ず「運転免許を持っている」が成立しています。このカタチにも条件法が隠されていると考えることができます。

隠れた「条件法」のフレーム
AためにはBでなければならない

さて、これらの**「AならばB」**や**「AためにはBでなければならない」をひっくり返してみましょう。すると、「BでないならばAでない」となります。**このような、ひっくり返したときにも成立する関係のことを**「対偶《たいぐう》」**と言います。

たとえば、「百点を取ったら（A）、百円をもらう（B）」が成立するときには、「百円をもらって（B）いないならば、百点を取って（A）いない」は必ず成立するのです。

この「**対偶**」に近い形も文章でよく出てきますので、覚えておきましょう。

「条件法（対偶）」のフレーム
BでないならばAでない

それでは、**例題** をやってみましょう。

例題 5 次の文章を読んで、後の問いに答えよ。　2020年 明治大

①暴力関係において、暴力を振るう者は能動的な立場にいて、暴力を振るわれる者は受動的な立場にいる。暴力の行使が成功した場合、相手は完全に受動的な状態に置かれる。その意味で、暴力関係は能動と受動の対立のなかにある。

②では、権力関係においては、権力を行使する側と行使される側の関係はどうなっているか？

③ここで注意しなければならないのは、権力関係において権力を行使される側にいる者は、ある意味で能動的だということである。権力を行使される側は、行為するのであるから。「権力の関係においては、行為者に多少なりとも「能動性」が残されている」。

④では、「される」なのに「する」、「する」なのに「される」の状態にある行為はどう形容される

べきか？

⑤便所掃除を例に考えてみよう。嫌がる相手に便所掃除をさせるためにはどうすればよいだろうか？

⑥たとえば、相手の手にブラシをもたせ、その手をつかんで動かすといったやり方が想像できる。たしかに、そうすれば相手に便所掃除をさせることができる。

⑦しかし、そうやって相手の自由を奪えば、その結果として産出されるのは、何らかの行為ではなく、単なる身体の受動的な状態である。すなわち、相手に便所掃除をさせたいのに、事実上、自分が便所掃除をするはめに陥ってしまうのである。

⑧相手に便所掃除をさせるためには、相手が、ある程度自由であり、ある意味で「　　」でなければならない。権力はそのような条件を利用できてはじめて、相手に便所掃除をさせることができる。

（國分功一郎『中動態の世界　意志と責任の考古学』より）

問　　　に入る語として最も適切なものを次の①～⑤から一つ選べ。

①抑圧的　②暴力的　③生産的　④能動的　⑤服従的

読む

① 暴力関係において、暴力を振るう者は能動的な立場にいて、暴力を振るわれる者は受動的な立場にいる。暴力の行使が成功した場合、相手は完全に受動的な状態に置かれる。その意味で、暴力関係は能動と受動の対立のなかにある。

② では、権力関係においては、権力を行使する側と行使される側の関係はどうなっているか？

③ ここで注意しなければならないのは、権力関係において権力を行使される側にいる者は、ある意味で能動的だということである。権力を行使される側は、行為するのであるから。「権力の関係においては、行為者に多少なりとも「能動性」が残されている」。

第①段落では「暴力関係」について説明されます。「暴力を振るう者は能動的な立場にいて、暴力を振るわれる者は受動的な立場にいる」という「能動と受動の対立関係」が成立していると述べられていますね。

第②段落では、話題が「権力関係」に転換し、「権力を行使する側と行使される側の関係はどうなっているか？」と**覚醒Check!▶問題提起**がされています。一見すると「暴力」と「権力」は似ているように見えますが、実際にはどうなのでしょうか？ 今後の展開を確認しましょう。

第③段落では、意表をついて、「権力関係において権力を行使される側にいる者は、ある意味で能動的だ」と説明されます。「される」方が「能動的」というのは、おかしいように思えますね。

ここまでを図にまとめると、次のようになります。

暴力関係 暴力を振るわれる側が受動的

⟷

権力関係 権力を行使される側が能動的

続いて、第④段落以降を確認します。

④ では、「される」なのに「する」、「する」なのに「される」の状態にある行為はどう形容されるべきか？

⑤ 具体例 便所掃除を例に考えてみよう。嫌がる相手に便所掃除をさせるためにはどうすればよいだろうか？

⑥ たとえば、相手の手にブラシをもたせ、その手をつかんで動かすといったやり方が想像できる。たしかに、そうすれば相手に便所掃除をさせることができる。

⑦ しかし、そうやって相手の自由を奪えば、その結果として産出されるのは、何らかの行為ではなく、単なる身体の受動的な状態である。すなわち、相手に便所掃除をさせたいのに、事実上、自分が便所掃除をするはめに陥ってしまうのである。

⑧ 相手に便所掃除をさせるためには、相手が、ある程度自由であり、ある意味で「□」でなければならない。権力はそのような条件を利用できてはじめて、相手に便所掃除をさせることができる。

第④段落では、「される」なのに「する」、「する」なのに「される」とはどういうことなのかと、問題提起されます。先ほどと同様に、問題提起があったら、必ず「どうしてだろう?」「どういうことだろう?」と考えながら続きを読んでいきましょう。

続く第⑤段落では、「便所掃除」の例が出てきます。

第⑥段落、第⑦段落では、権力を使って相手の自由を奪ってしまうと、結果的に自分が便所掃除をすることになってしまうと説明されます。

そして、第⑧段落では、第⑥段落、第⑦段落を根拠として、相手に便所掃除をさせるためには、相手が、ある程度自由でなければならないという結論が示されます。

実は、この第⑧段落の結論と第⑦段落の内容は「**対偶**」になっているのです。第⑧段落は、「**Aためには Bでなければならない**」という隠れた「**条件法**」のカタチになっていますね。それをひっくり返しているのが第⑦段落です。

そして、これらは、第③段落に書かれていた「権力関係において権力を行使される側にいる者は、ある意味で能動的だ」という主張の「**根拠**」となっています。ここまでをまとめると、次のようになります。

根拠

相手の自由を奪えば、相手は受動的な状態になる すなわち 自分が便所掃除をすることになってしまう

対偶

相手に便所掃除をさせる（A） ためには 、相手が、ある程度自由（B） でなければならない

主張 **権力関係において権力を行使される側にいる者は、ある意味で能動的だ**（第③段落）

ここでは、「権力関係において権力を行使される側にいる者は、ある意味で能動的だ」という一見おかしな主張が論証されていることがつかめれば、大丈夫です。

解く

空欄補充の問題です。まずは［　　］のある一文を分析します。ここは先ほど、結論として確認したところですね。

［　　］のある一文は「**AためにはBでなければならない**」という隠れた「**条件法**」のカタチでした。直前が「**対偶**」になっていたことを思い出しましょう。

相手の自由を奪えば、相手は受動的な状態になる すなわち **自分が便所掃除をすることになってしまう**

相手に便所掃除をさせる ためには、相手が、ある程度自由で「　」でなければならない

対偶　A　B

すると、［　］には、「受動的」の反対の意味の語である「**能動的**」が入るとわかります。

さらに、［　］のある一文が「権力関係において権力を行使される側にいる者は、ある意味で**能動的だ**」という主張の具体例になっていたことからも、「**能動的**」という語がふさわしいと考えることができますね。

正解は④の「能動的」です。

他の選択肢を検討してみましょう。

①の「抑圧的」や⑤の「服従的」は「自由」とは反対ですから、正解ではないとわかるでしょう。

②の「暴力的」については、この部分が「暴力関係」ではなく「権力関係」の話をしているとわかれば誤りだとわかります。

③の「生産的」は、「受動的」の反対の意味の語ではないので、誤りとなります。

以上のように、「**条件法**」を用いた言い換えを見抜けると、解答の根拠がつかみやすくなります。

続いて **実践問題** を解いていきましょう。

5 次の文章を読んで、後の問いに答えよ。

2019年 関東学院大

①しかし、[1]頭にたまっていることをきれいにするには、やはり歩くことがもっとも適しているようである。古来、ものを考える人が散策をし逍遥《しょうよう》をするのは偶然ではない。京都の東郊、鹿ケ《しし》谷には、哲学の小径《こみち》というのがある。学者たちが思索をしながら歩いた道としてはすこし足場がわるいし、このごろはひどく荒れたという人もあるが、歩きながら考えるよりも、歩くこと自体に意味がある。

②なんとなくまとまらない気持、妙に心にかかること、気になることがあっては、落ち着いてものを読むことも考えることもできない。そんなときは散歩にかぎる。

③散歩という言葉はぶらりぶらりのそぞろ歩きを連想させるが、それではカタルシスはおこりにくい。相当足早に歩く。はじめのうちは頭はさっぱりしないが、三十分、五十分と歩きつづけていると、霧がはれるように、頭をとりまいていたモヤモヤが消えていく。

④それにつれて、近い記憶がうすれて遠くのことがよみがえってくる。さらに、それもどうでもよくなって、頭は空っぽのような状態になる。散歩の極致はこの空白の心理に達することにある。心は白紙状態（タブララサ）、文字を消してある黒板のようになる。

⑤思考が始まるのはそれからである。自由な考えが生まれるには、じゃまがあってはいけない。ま

ず、不要なものを頭の中から排除してかかる。散歩はそのためにもっとも適しているようだ。ぼんやりしているのも、ものを考えるにはなかなかよい状態ということになる。2勤勉な人にものを考えないタイプが多いのは偶然ではない。働きながら考えるのは困難である。歩くのは仕事ではない。だから、心をタブラサにする働きがある。時間を気にしながら目的地へ急ぐのでは、同じく足早に歩いても思考の準備にはならない。

⑥　ものを考えるには、［　　］必要がある。そのための時間がなくてはならない。

（外山滋比古『知的創造のヒント』より）

問一　傍線部1「古来、ものを考える人が散策をし逍遥《しょうよう》をするのは偶然ではない」とあるが、筆者がそのように考える理由として最も適切なものを次の①～⑤から一つ選べ。

①　足早に散歩すると身心ともに健康になり身心をリフレッシュできるから。
②　思索しながら散歩すると頭にたまっていたことをきれいに整理整頓できるから。
③　昔は哲学の小径のように思索しながら歩く道として適した道が多くあったから。
④　思索しながら散歩すると頭のモヤモヤが消え自由な考えが生まれるから。
⑤　足早に散歩すると頭のモヤモヤが消え記憶がうすれ心が白紙状態になるから。

問二　傍線部2「勤勉な人にものを考えないタイプが多いのは偶然ではない」とあるが、筆者がそのように考える理由として最も適切なものを次の①～⑤から一つ選べ。

①　勤勉な人は頭を空にして心を白紙状態にする機会が少ないから。

②勤勉な人は仕事や勉強以外に価値を見出すことができないから。
③勤勉な人は考えるより行動することを大事だと考えるから。
④勤勉な人は考えるより覚えることの方を重要視したがるから。
⑤勤勉な人は歩くことさえも仕事であると考えてしまうから。

問三　文中の［　　］に入る言葉として最も適切なものを次の①〜⑤から一つ選べ。

①ものを覚える
②記憶を呼びさます
③適当に怠ける
④心の空白を埋める
⑤目的地を選ぶ

読む

第①段落と第②段落から見ていきます。

① しかし、頭にたまっていることをきれいにするには、やはり歩くことがもっとも適しているようである。[1]古来、ものを考える人が散策をし逍遥《しょうよう》をするのは偶然ではない。京都の東郊、鹿《しし》ケ谷には、哲学の小径《こみち》というのがある。学者たちが思索をしながら歩いた道としてはすこし足場がわるいし、このごろはひどく荒れたという人もあるが、歩きながら考えるよりも、歩くこと自体に意味がある。

② なんとなくまとまらない気持、妙に心にかかること、気になることがあっては、落ち着いてものを読むことも考えることもできない。そんなときは散歩にかぎる。

第①段落では、「ものを考える人が散策をし逍遥をするのは偶然ではない」ということが主張されます。「歩くこと」と「ものを考えること」の関係を考えながら読んでいきましょう。

第②段落では、「なんとなくまとまらない気持、妙に心にかかること、気になることがあっては、落ち着いてものを読むことも考えることもできない」とあります。これは「**条件法**」が使われているので、「**対偶**」にしてみましょう。シンプルにとらえるために「心がスッキリしなければ、落ち着いて考えることはできない」と言い換えますね。

心がスッキリしなければ、落ち着いて考えることはできない

対偶

落ち着いて考えるためには、心がスッキリしていなければならない

このように考えると、「なんとなくまとまらない気持ち、妙に心にかかること、気になること」をなくすために「散歩」をするのだなとわかってきます。

続いて、第③段落から第⑥段落を見ていきましょう。

③　散歩という言葉はぶらりぶらりのそぞろ歩きを連想させるが、それではカタルシスはおこりにくい。相当足早に歩く。はじめのうちは頭はさっぱりしないが、三十分、五十分と歩きつづけていると、霧がはれるように、頭をとりまいていたモヤモヤが消えていく。

④　それにつれて、近い記憶がうすれて遠くのことがよみがえってくる。さらに、それもどうでもよくなって、頭は空っぽのような状態になる。散歩の極致はこの空白の心理に達することにある。心は白紙状態（タブララサ）、文字を消してある黒板のようになる。

⑤　思考が始まるのはそれからである。自由な考えが生まれるには、じゃまがあってはいけない。まず、不要なものを頭の中から排除してかかる。散歩はそのためにもっとも適しているようだ。ぼんやりしているのも、ものを考えるにはなかなかよい状態ということになる。

[2]勤勉な人にものを考

えないタイプが多いのは偶然ではない。働きながら考えるのは困難である。歩くのは仕事ではない。だから、心をタブラサにする働きがある。時間を気にしながら目的地へ急ぐのでは、同じく足早に歩いても思考の準備にはならない。

⑥ ものを考えるには、［　　］必要がある。そのための時間がなくてはならない。

20

第③段落から第④段落にかけては、「足早に歩く」と「近い記憶がうすれ」、「頭は空っぽになる」ということが詳しく説明されます。

続く第⑤段落の冒頭に「思考が始まるのはそれからである」とありますね。「それ」は「散歩」によって「空白の心理に達すること」を指します。つまり、「思考が始まるのは、散歩によって空白の心理に達してからである」ということを述べているのです。これで「思考」と「散歩」がつながりました。

また、「自由な考えが生まれるには、じゃまがあってはいけない」という主張がありますが、これはまさに、先ほど確認した「心がスッキリしなければ、落ち着いて考えることはできない」の言い換えですね。

続いて「勤勉な人」に話が及びます。「勤勉な人」には「ものを考えないタイプが多い」とあります。ここまで確認してきたように、ものを考えるためには「空白の心理」あるいは「白紙状態（タブラサ）」の状態である必要があります。ところが、勤勉な人は仕事で忙しく、心が白紙状態になりません。そのため、ものを考えられる状態にないわけです。

そして最後の第⑥段落では、「ものを考えるには、［　　］必要がある。そのための時間がなくてはならない」という主張がまとめられます。

解く

問一　傍線部を含む一文を分析して、本文で解答の根拠を探す。

傍線部の理由を説明する問題です。「ものを考える人」と「散策をし逍遥をする」間の**飛躍を埋める説明**を探すとよいでしょう。第③段落から第⑤段落に書かれていることが根拠になりますね。

根拠
散歩をすると、モヤモヤが消えて、やがて頭が空っぽの状態になり、空白の心理に達する

⬅

思考が始まるのはそれからである

⬅

主張
ものを考える人が散策をし逍遥をするのは偶然ではない

以上のように整理すると正解が見えてきます。

正解は、⑤の「足早に散歩すると頭のモヤモヤが消え記憶がうすれ心が白紙状態になるから。」となります。この選択肢を一読したときに「記憶がうすれ」の部分が気にかかった人がいるかもしれませんが、第④

段落の冒頭に「近い記憶がうすれて遠くのことがよみがえってくる。さらに、それもどうでもよくなって」と書かれていました。

①は、「足早に散歩すると身心ともに健康になり」が誤りです。「頭が空っぽ」になるのです。「健康」については、本文で触れられていません。

②は、「思索しながら散歩すると」の部分、③は「思索しながら歩く」の部分、④は「思索しながら散歩すると」の部分がそれぞれ誤りです。本文4〜5行目に「歩きながら考えるよりも、歩くこと自体に意味がある」とありました。「歩く↓頭が空っぽになる↓思考が始まる」なので、思索しながら歩くのではありません。

問二　傍線部を含む一文を分析して、本文で解答の根拠を探す。

傍線部の理由を説明する問題です。「勤勉な人」と「ものを考えない」の間の**飛躍を埋める説明**を探しましょう。ただし、根拠が本文に書かれていない場合は「**推論**」する必要があります。

まずは14行目の「自由な考えが生まれるには、じゃまがあってはいけない」に注目しましょう。ここが傍線部２「勤勉な人にものを考えないタイプが多いのは偶然ではない」の根拠の出発点になります。

根拠　**自由な考えが生まれるには、じゃまがあってはいけない**

↔ 対偶

［　　　　　　　　］（推論）

主張　**勤勉な人はものを考えない**

この［　　］に何が入るかを考えて、正解を選びます。

このときに「**条件法**」を意識するのです。

「自由な考えが生まれるには、じゃまがあってはいけない」の「**対偶**」は、「頭の中にじゃまがあったら、自由な考えが生まれない」ですね。

「勤勉な人」は「頭の中にじゃまがある」から「ものを考えない」と考えられますね。これをもとに正解を選びましょう。

正解は①の「勤勉な人は頭を空にして心を白紙状態にする機会が少ないから」となります。「頭の中にじゃまがある」ということが指摘できている選択肢はこれだけです。

②の「仕事や勉強以外に価値を見出すことができない」、③の「考えるより行動することを大事だと考える」、④の「考えるより覚えることの方を重要視したがる」、⑤の「歩くことさえも仕事であると考えてしまう」は、それぞれ「頭の中にじゃまがある」と無関係の内容であるため、誤りとなります。

問三　空欄を含む一文を分析して、本文で解答の根拠を探す。

空欄にふさわしい語句を補充する問題です。
「**対偶**」の文が見つかれば、簡単に解くことができます。

勤勉な人ならばものを考えない

対偶

ものを考えるには、［　］必要がある

この関係がつかめれば、［　］には「勤勉」の反対の意味の言葉が入るとわかりますね。

正解は③の「適当に怠ける」です。「怠惰」は「勤勉」の反対ですね。

①の「ものを覚える」、②の「記憶を呼びさます」、④の「心の空白を埋める」、⑤の「目的地を選ぶ」は、「ものを考える」ための条件である「頭の中が空っぽの状態」の反対であるため、誤りとなります。

近年出題が増えてきている、いわゆる「思考力」を試す問題を解く際には、「条件法」の考え方が有効です。

ここまでわかったところで、最後に補足があります。

「AならばB」が成立したとしても、AとBを逆にした「BならばA」は、必ずしも成立するとは限らないのです。たとえば、「百点を取ったら（A）、百円をもらう（B）」は成立しますが、「百円をもらったならば（B）、百点を取っていた（A）」が正しいかと言ったら、そうとは限りませんよね。百点は取っていないけど、お手伝いをして百円をもらったということもあるでしょう。このように「AならばB」が成立したからと言って、「BならばA」も成立するとは限らないのです。「逆は必ずしも真ならず」。

また、**「AでないならばBでない」も、必ずしも成立するとは限りません。**「百点を取れなかったら、百円をもらえない」かと言ったらそうとも限りません。やはり、百点を取れなくても、お手伝いをして百円をもらえるかもしれないのですから。このように「AならばB」が成立したからと言って、「**AでないならばBでない**」も成立するとは限らないのです。「裏も必ずしも真ならず」ということもつけ加えておきましょう。

これらについては、１２０ページの思考力問題への応用2で、もう少し考えてみましょう。

覚醒ポイント

「対偶」を使って正しくひっくり返すと、根拠が見えてくる。

「AならばB」とあった場合、**「Aが成り立つとき、必ずBも成り立つ」**と説明しました。そして、「逆は必ずしも真ならず」と言って、「**A**ならば**B**」が成立したとしても、必ずしも「**B**ならば**A**」も成立するとは限らないということを、本章の最後で補足しましたね。

文章読解でよく使うのは、必ず正しいと言える「**対偶（BでないならばAでない）**」ですが、**思考力問題でよく問われるのは「逆（BならばA）」や「裏（AでないならばBでない）」の方なのです。「裏」**も必ずしも正しいとは限りません。

試しに早稲田大学の「思考力問題」を見てみましょう。

思考力問題

次の問いに答えよ。

2020年早稲田大

問　四つの設問からなる○×二択式のアンケート調査を行い、参加者全員がすべての設問に答えたところ、命題Aから命題Cが真であることが明らかになった。

このとき確実に成立するといえるものはどれか。最も適切なものを次の①〜⑤の中から一つ選べ。

解説

まずは命題を整理していきましょう。「設問3に○ならば、設問1にも○。設問1に○ならば、設問2にも○。設問2に○ならば、設問4にも○」という順番になります。「3に○→1に○→2に○→4に○」という順番を意識して選択肢を検討していきましょう。

正解は②「設問4に○をつけなかった人は、設問1に○をつけなかった。」です。「4に○でない→1

命題A：設問1に◯をつけた人は、設問2にも◯をつけた。
命題B：設問3に◯をつけた人は、設問1にも◯をつけた。
命題C：設問2に◯をつけた人は、設問4にも◯をつけた。

①設問4に◯をつけた人は、設問3にも◯をつけた。
②設問4に◯をつけなかった人は、設問1に◯をつけなかった。
③設問3に◯をつけなかった人は、設問1に◯をつけなかった。
④設問2に◯をつけた人は、設問3に◯をつけた。
⑤設問3に◯をつけなかった人は、設問4に◯をつけなかった。

に◯でない」は元の命題「3に◯→1に◯→2に◯→4に◯」の「対偶」になっていますね。だから、必ず正しいということになります。

他の選択肢を検討してみましょう。

①は「4に◯→3に◯」となっており、元の命題とは「**逆**」です。

③は「3が◯でない→1が◯でない」となっており、元の命題の「**裏**」です。

④は「2に◯→3に◯」となっており、元の命題の「**逆**」です。

⑤は「3に◯でない→4に◯でない」となっており、元の命題の「**裏**」です。

「対偶」は必ず正しい。**「逆」「裏」は必ずしも正しくない**。これらのことがわかっていれば、正しいか正しくないかを正確に判断することができますね。

第6章

「差異」のフレームワーク

「違い」に注目すれば、要点が見えてくる

今回は**「差異」**について学びましょう。

僕たちの身の回りには、似ているけれども違うものがあります。

たとえば、「ラグビーとアメフトは、どう違うの？」と聞かれたら、どのように説明しますか？　「よくわからないけど、名前が違うからどこか違うんじゃないかな……」では、質問した人は納得してくれそうにありませんね。

そこで、「ラグビーは前方にボールを投げることができないのに対し、アメフトは前方にボールを投げることができる」、あるいは「ラグビーはマウスピースのみ装着義務があるのに対し、アメフトはマウスピースだけでなくヘルメットとショルダーの装着義務もある」などと説明する方法があります。

このほか、ボールの大きさや人数、試合時間などの違いもありますが、このように**「差異」に注目すると、わかりやすい説明になります。**

みなさんが読む評論文は、筆者が自分の考えを主張するためにさまざまな説明を積み重ねていくものです。そのなかには、この「**差異**」を利用した説明がたくさん登場します。

では、「**差異**」の説明を読むときには、どのように頭の中で整理していけばよいのでしょうか。「**差異**」を表す「フレーム」として、次のものを覚えておきましょう。

「差異」のフレーム①（基本）
AはXであるのに対し、BはYである

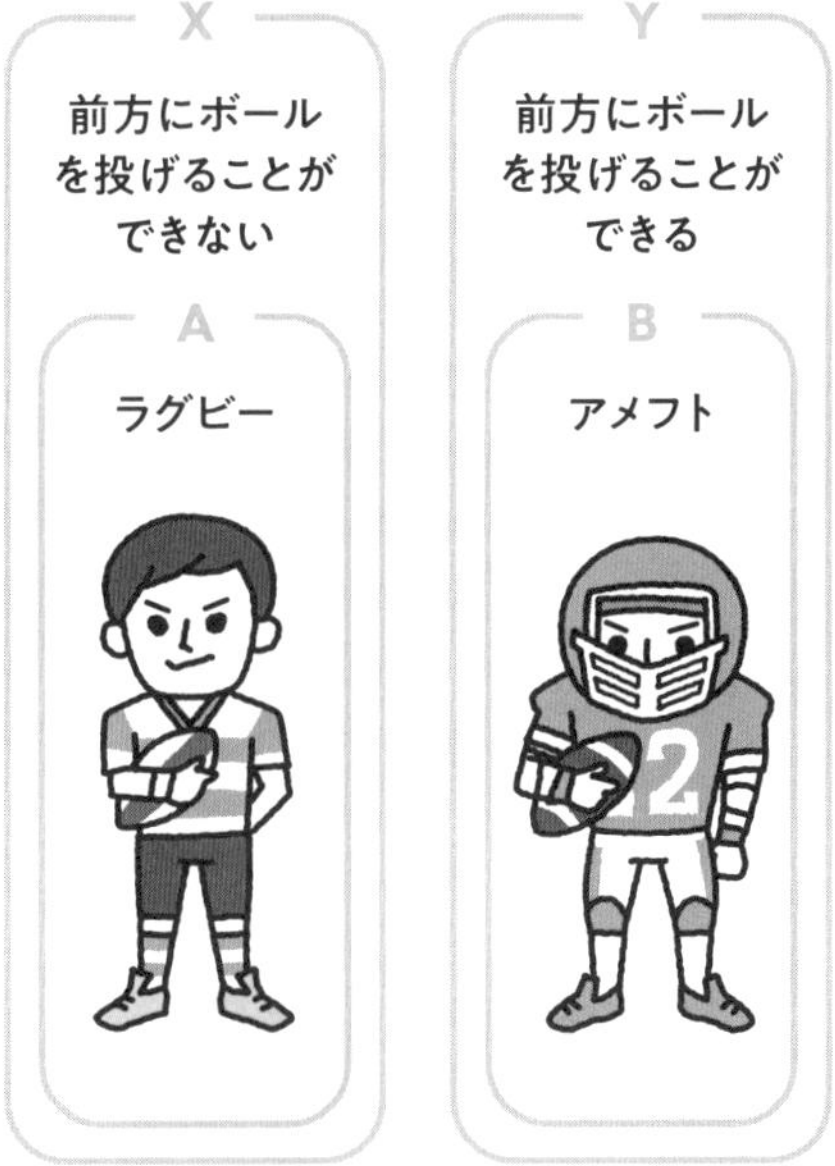

このフレームでは「X」と「Y」が反対のものになります。

たとえば、「ラグビーは前方にボールを投げることができない（X）**のに対し**、アメフトは前方にボールを投げることができる（Y）」の場合は、上記のようなイメージを持ちましょう。

このように整理すれば、ラグビーとアメフトの違いがよくわかりますね。

さらに、「**差異**」には、次のようなフレームもあります。

「差異」のフレーム②（発展）
AはXのみであるのに対し、BはXだけでなくYもある

この場合は「**X**」と「**Y**」は必ずしも反対とは限りません。たとえば、「ラグビーはマウスピースのみ装着義務がある（**X**）**のに対し**、アメフトはマウスピース**だけでなく**ヘルメットとショルダーの装着義務（**Y**）**もある**」の場合、上記のような図をイメージしてください。

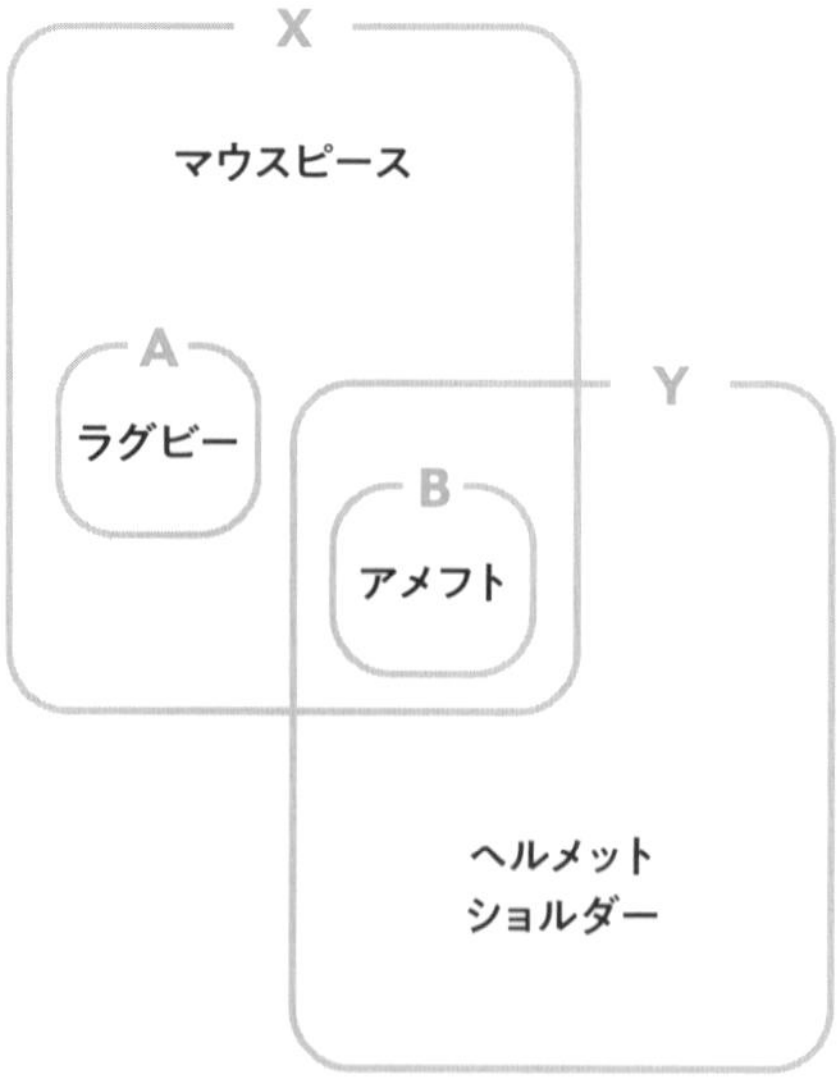

ラグビーでもアメフトでも試合では「装備」が必要です。ただ、ラグビーがマウスピースのみ装着義務があるのに対し、アメフトはマウスピースに加えてヘルメットとショルダーも装着の義務があります。

「**差異**」**のフレーム**①と②の違いについて、理解してもらえましたか。

①の**単純な差異の比較**は高校入試でよく見ます。一方、②の**重なりを含む差異の比較**は大学入試によく出てきます。しっかりとイメージして頭に入れておくと、二つの異なるものを整理しやすくなるはずです。

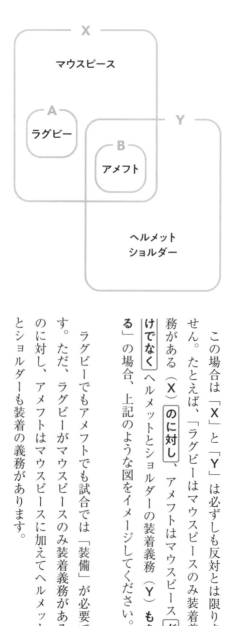

それでは、例題をやってみましょう。

例題 6 次の文章を読んで、後の問いに答えよ。

2020年 センター試験

①「レジリエンス（resilience）」とは、近年、さまざまな領域で言及されるようになった注目すべき概念である。この言葉は、「撹乱《かくらん》を吸収し、基本的な機能と構造を保持し続けるシステムの能力」を意味する。

②レジリエンスの概念をもう少し詳しく説明しよう。レジリエンスは、もともとは※物性科学のなかで物質が元の形状に戻る「弾性」のことを意味する。六〇年代になると生態学や自然保護運動の文脈で用いられるようになった。そこでは、生態系が変動と変化に対して自己を維持する過程という意味で使われた。しかし、ここで言う「自己の維持」とは単なる物理的な弾力のことではなく、環境の変化に対して動的に応じていく適応能力のことである。

③レジリエンスは、回復力（復元力）、あるいは、※サステナビリティと類似の意味合いをもつが、そこにある微妙な意味の違いに注目しなければならない。たとえば、回復とはあるベースラインや基準に戻ることを意味するが、レジリエンスでは、かならずしも固定的な原型が想定されていない。絶えず変化する環境に合わせて流動的に自らの姿を変更しつつ、それでも目的を達成するのがレジリエンスである。レジリエンスは、均衡状態に到達するための性質ではなく、発展成長する動的過程を促進するための性質である。

④また、サステナビリティに関しても、たとえば、「サステナブルな自然」といったときには、唯

一の均衡点が生態系のなかにあるかのように期待されている。しかしこれは自然のシステムの本来の姿とは合わない。レジリエンスで目指されているのは、健康な※ダイナミズムである。レジリエンスには、適度な失敗が最初から包含されている。たとえば、小規模の森林火災は、その生態系にとって資源の一部を再構築し、栄養を再配分することで自らを更新する機会となる。こうした小規模の火災まで防いでしまうと、森林は燃えやすい要素をため込み、些細《ささい》な発火で破滅的な大火災にまで発展してしまう。

（河野哲也『境界の現象学　始原の海から流体の存在論へ』より）

《注》
※物性科学＝物質の性質を解明する学問。
※サステナビリティ＝持続可能性。「サステイナビリティ」と表記されることも多い。後出の「サステナブルな」は「持続可能な」の意。
※ダイナミズム＝動きのあること。

問　傍線部「そこにある微妙な意味の違い」とあるが、どのような違いか。その説明として最も適切なものを次の①～⑤から一つ選べ。

① 回復力やサステナビリティには基準となるベースラインが存在しないが、レジリエンスは弾性の法則によって本来の形状に戻るという違い。

② 回復力やサステナビリティは戻るべき基準や均衡状態を期待するが、レジリエンスは環境の変化に応じて自らの姿を変えていくことを目指すという違い。

③ 回復力やサステナビリティは環境の変動に応じて自己を更新し続けるが、レジリエンスは適度な失敗を繰り返すことで自らの姿を変えていくという違い。

④ 回復力やサステナビリティは生態系の中で均衡を維持する自然を想定するが、レジリエンスは均衡を調整する動的過程として自然を捉えるという違い。

⑤ 回復力やサステナビリティは原型復帰や均衡状態を目指すが、レジリエンスは自己を動的な状態においておくこと自体を目的とするという違い。

読む

1 「レジリエンス（resilience）」とは、近年、さまざまな領域で言及されるようになった注目すべき概念である。この言葉は、「攪乱《かくらん》を吸収し、基本的な機能と構造を保持し続けるシステムの能力」を意味する。

2 レジリエンスの概念をもう少し詳しく説明しよう。レジリエンスは、もともとは※物性科学のなかで物質が元の形状に戻る「弾性」のことを意味する。六〇年代になると生態学や自然保護運動の文脈で用いられるようになった。そこでは、生態系が変動と変化に対して自己を維持する過程という意味で使われた。しかし、ここで言う「自己の維持」とは単なる物理的な弾力のことではなく、環境の変化に対して動的に応じていく適応能力のことである。

第①段落と第②段落を読むと、「レジリエンス」という言葉が説明されています。「レジリエンス」とは何か、図にまとめてみましょう。

レジリエンス＝撹乱を吸収し、基本的な機能と構造を保持し続けるシステムの能力
・物性科学の場合……「弾性」＝物質が元の形状に戻る
・生態学の場合……「自己の維持」＝環境の変化に対して動的に応じていく適応能力

続いて、第③段落を見てみましょう。

---

③　レジリエンスは、回復力（復元力）、あるいは、サステナビリティ※と類似の意味合いをもつが、そこにある微妙な意味の違いに注目しなければならない。【具体例】たとえば、回復とはあるベースラインや基準に戻ることを意味するが、レジリエンスでは、かならずしも固定的な原型が想定されていない。絶えず変化する環境に合わせて流動的に自らの姿を変更しつつ、それでも目的を達成するのがレジリエンスである。レジリエンスは、均衡状態に到達するための性質ではなく、発展成長する動的過程を促進するための性質である。

10

第③段落は、「レジリエンス」と「回復」の「**差異**」が説明されます。

また、第1章で学んだように、**「ではなく」という否定のフレームに注意しながら読んでいくと、その「差異」を整理することができます。**

回復

あるベースラインや基準に戻ること

⬇

均衡状態に到達するための性質

レジリエンス

かならずしも固定的な原型が想定されていない

⬇

発展成長する動的過程を促進するための性質

このように「**差異**」を整理して、第4段落に進みましょう。

---

④ また、サステナビリティに関しても、たとえば、「サステナブルな自然」といったときには、唯一の均衡点が生態系のなかにあるかのように期待されている。しかしこれは自然のシステムの本来の姿とは合わない。レジリエンスで目指されているのは、健康な※ダイナミズムである。レジリエンスには、適度な失敗が最初から包含されている。たとえば、小規模の森林火災は、その生態系にとって資源の一部を再構築し、栄養を再配分することで自らを更新する機会となる。こうした小規模の火災まで防いでしまうと、森林は燃えやすい要素をため込み、些細《ささい》な発火で破滅的な大火災にまで発展してしまう。

第4段落は、「レジリエンス」と「サステナビリティ」の違いが説明されます。「否定」や「逆接」に注意

しながら「**差異**」を整理していきましょう。

サステナビリティ　**唯一の均衡点があるかのように期待されている**

レジリエンス　**健康なダイナミズム・適度な失敗が最初から包含されている**

解く

傍線部の内容を説明する問題です。傍線部は「そこにある微妙な意味の違い」となっているので、「**差異**」の説明がされている選択肢が正解になります。

正解は、②の「回復力やサステナビリティは戻るべき基準や均衡状態を期待するが、レジリエンスは環境の変化に応じて自らの姿を変えていくことを目指すという違い。」です。選択肢の前半の回復力やサステナビリティについては第③段落と第④段落に書かれていました。後半のレジリエンスについては、第③段落に書かれていましたね。

他の選択肢も検討してみます。

①は「レジリエンスは弾性の法則によって本来の形状に戻る」が誤りです。「本来の形状に戻る」のは、レジリエンスとは異なる「回復」の説明です。

③は「回復力やサステナビリティは環境の変動に応じて自己を更新し続ける」が誤りです。「環境の変動に応じて自己を更新し続ける」は「レジリエンス」の説明です。
④は「レジリエンスは均衡を調整する動的過程として自然を捉える」が誤りです。「均衡」は「回復」と「サステナビリティ」において目指されているものです。
⑤は「レジリエンスは自己を動的な状態においておくこと自体を目的とする」が誤りです。第②段落に、レジリエンスは「環境の変化に対して動的に応じていく」と書かれています。「自己を動的な状態においておくこと自体を目的とする」わけではありません。

「差異」が整理できれば、反対の説明をしている選択肢は誤りであることがすぐにわかりますね。

次に、**実践問題**に取り組んでみましょう。

実践問題 6 次の文章を読んで、後の問いに答えよ。

2020年 成城大

① わたしはずっと日本近代にこだわりつづけているのであるが、日本近代を解く鍵の一つとして、まずはじめに、対人恐怖症の問題を取りあげてみたい。
② 対人恐怖症は日本人に特徴的な神経症であると言われている（わが国の精神医学関係の学術用語はほとんど欧米語からの翻訳であるが、対人恐怖症は少ない例外の一つである）。しかも日本の近代化に伴って発生したもので、明治以前は存在しなかったと考えられる。近代日本人はなぜ対人恐

怖症に罹《かか》りやすくなったかが第一の問題である。

③ 恐怖と恐怖症とは違う。ある対象を恐れているだけなら、その対象から逃亡するか、もし可能なら、その対象が自分に脅威を与えないようになだめるか、あるいは攻撃して撃滅するか、どうしようもないなら、じっと恐怖をがまんして耐えるか、とにかくその際に適切だと思われる行動を取ればいいわけで、何らかの行動をたいして迷うことなく取れるのであれば、どれほど恐怖を感じていようと、それは恐怖症ではない。恐怖が恐怖症となるのは、恐怖を自我から排除し、恐怖が自我にとって異物となるときである。すなわち、恐怖を感じている一方で、そのような恐怖は感じるべきでない、不合理だ、非現実的だ、馬鹿げているなどと思いはじめるときである。恐怖症は一般に、現実的根拠のない不合理な恐怖だとされているが、何が合理的恐怖で、何が不合理な恐怖であるかの一般的規準があるわけではなく、もしあったとしても、それは当人が恐怖症になるかならないかとは無関係である。はた眼にはどれほど不合理な恐怖と見えようとも、当人がそうとは思わず、その恐怖に対してどういう反応をするかはさておき、とにかくその恐怖それ自体をおかしいと見ていないならば、恐怖症は成立しない。恐怖症が成立する条件は、ある対象に対する恐怖と恐怖の否定との葛藤である。たとえば、先祖を敬い、死後あの世で先祖と会ったときに先祖に対して顔向けできない事態にならないよう日頃心掛けている老人は、死んでしまった先祖のことなんか気にしてやりたいことをがまんするなんて馬鹿げていると思っている若い人から見れば、まさに「不合理な」先祖恐怖に囚われているわけであるが、当の老人自身には何の［　］もない。彼がこの若い人の意見を入れて「不合理な」先祖恐怖を抑圧しはじめたとき、彼は「先祖恐怖症」になるであろう。

（岸田秀『幻想の未来』より）

問一　傍線部「恐怖と恐怖症とは違う」はどういうことか。次の（　　　　）に合うように、文中の語句を用いて四十字以上五十字以内で答えよ。

（　　　　）ということ

問二　□に入るべき語を同じ段落から抜き出して答えよ。

読む

①わたしはずっと日本近代にこだわりつづけているのであるが、日本近代を解く鍵の一つとして、まずはじめに、対人恐怖症の問題を取りあげてみたい。

②対人恐怖症は日本人に特徴的な神経症であると言われている（わが国の精神医学関係の学術用語はほとんど欧米語からの翻訳であるが、対人恐怖症は少ない例外の一つである）。しかも日本の近代化に伴って発生したもので、明治以前は存在しなかったと考えられる。近代日本人はなぜ対人恐怖症に罹《かか》りやすくなったかが第一の問題である。

第①段落と第②段落は序論です。本論に入る前の「イントロ」だと考えて読んでいくとよいでしょう。この文章は「対人恐怖症」について説明していくんだなとわかれば、大丈夫です。

③ 恐怖と恐怖症とは違う。ある対象を恐れているだけなら、その対象から逃亡するか、もし可能なら、その対象が自分に脅威を与えないようになだめるか、あるいは攻撃して撃滅するか、どうしようもないなら、じっと恐怖をがまんして耐えるか、とにかくその際に適切だと思われる行動を取ればいいわけで、何らかの行動をたいして迷うことなく取れるのであれば、どれほど恐怖を感じていようと、それは恐怖症ではない。恐怖が恐怖症となるのは、恐怖を自我から排除し、恐怖が自我にとって異物となるときである。すなわち、恐怖を感じている一方で、そのような恐怖は感じるべきでない、不合理だ、非現実的だ、馬鹿げているなどと思いはじめるときである。恐怖症は一般に、現実的根拠のない不合理な恐怖だとされているが、何が合理的恐怖で、何が不合理な恐怖であるかの一般的規準があるわけではなく、もしあったとしても、それは当人が恐怖症になるかならないかとは無関係である。はた眼にはどれほど不合理な恐怖と見えようとも、当人がそうとは思わず、その恐怖に対してどういう反応をするかはさておき、とにかくその恐怖それ自体をおかしいと見ていないならば、恐怖症は成立しない。恐怖症が成立する条件は、ある対象に対する恐怖と恐怖の否定との葛藤である。たとえば、先祖を敬い、死後あの世で先祖と会ったときに先祖に対して顔向けできない事態にならないよう日頃心掛けている老人は、死んでしまった先祖のことなんか気にしてやりたいことをがまんするなんて馬鹿げていると思っている若い人から見れば、まさに「不合理な」先祖恐怖に囚われているわけであるが、当の老人自身には何の　　もない。彼がこの若い人の意見を入れて「不合理な」先祖恐怖を抑圧しはじめたとき、彼は「先祖恐怖症」になるであろう。

第③段落から本論に入ります。一文目で「恐怖と恐怖症とは違う」とありますので、恐怖と恐怖症の「差異」を意識しながら読み進める必要があるのだとわかりますね。

二文目には「ある対象を恐れている**だけなら、**~それは恐怖症**ではない**」とあります。そうだとすると、恐怖症が成立するためには、「恐れている」（X）以外の「何か」（Y）があるはずです。

その認識で読むと、11行目の「恐怖を自我から排除し、恐怖が自我にとって異物となるとき」というのが、恐怖症を成立させる「何か」（Y）になることがわかります。

ただし、この書き方ではよくわからないという人もいるはずです。

そこで、筆者は続く一文の冒頭で「すなわち」という言葉を使って、恐怖症についての話を一度まとめます。

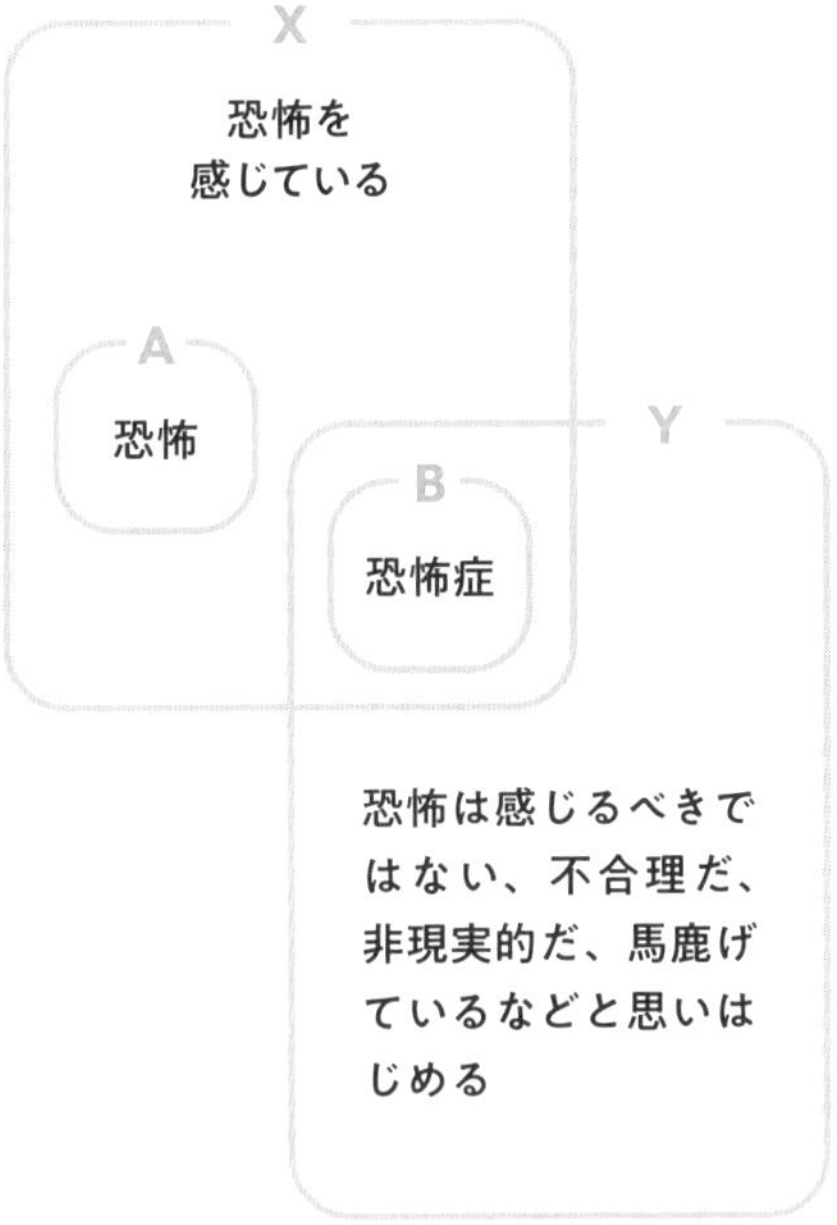
X
恐怖を
感じている
A
恐怖
Y
B
恐怖症
恐怖は感じるべきではない、不合理だ、非現実的だ、馬鹿げているなどと思いはじめる

つまり、「恐怖を感じている」（X）ことと、「そのような恐怖は感じるべきではない~と思いはじめる」（Y）の二つの条件がそろったとき、「恐怖」が「恐怖症」となるのです。

これを図にすると上記のようになります。

ちなみに、134ページで示した本文の中でも、「恐怖症」にはXとYの二つの条件が必要であるということがわかるように、「恐怖症」には と の二色のマーカーが引いてあります。

続く13行目からは、「一般的な恐怖症のとらえられ方」を述べたうえで、そのようなとらえ方は間違っていると否定します。

そして、17~18行目には「その恐怖それ自体をおかしいと見ていないならば、恐怖症は成立しない」とあります。これは「**Y**でないならば、恐怖症ではない」という「**対偶**」のカタチだと理解できますね。

その後の18行目からは、あらためて「恐怖症が成立する条件」が述べられます。「恐怖症が成立する条件」は「ある対象に対する恐怖」（**X**）と「恐怖の否定」（**Y**）の「**葛藤**」だとしています。

19行目以降の部分は、「たとえば」という言葉があることから、恐怖症が成立するときの「具体例」が書かれているとわかります。「先祖を敬い、死後あの世で先祖と会ったときに先祖に対して顔向けできない事態にならないよう日頃心掛けている老人」（**X**の具体例）は「恐怖」を感じてはいますが、**X**だけであるため「恐怖症」にはなっていません。その老人が「この若い人の意見を入れて『不合理な』先祖恐怖を抑圧しはじめたとき」（**Y**の具体例）に、「先祖恐怖症」になると説明されています。

恐怖　X「ある対象に対する恐怖」があるのみ

恐怖症　X「ある対象に対する恐怖」がある
かつ
Y「そのような恐怖を否定」したいと思っている

このように、文章で説明されている「**差異**」を整理できれば問題に答えることができます。

解く

問一　傍線部を含む一文を分析して、本文で解答の根拠を探す。

傍線部の内容を説明する問題です。傍線部は「恐怖と恐怖症とは違う」なので、「恐怖」（X）と「恐怖症」（XかつY）の差異を説明しましょう。

設問を確認すると「文中の語句を用いて」という条件があるので、無理に文中の言葉を変える必要はありません。文字数の制限をオーバーしないよう、なるべくコンパクトに説明している部分を採用しましょう。

それでは答えを考えてみます。

「恐怖」（X）は、「ある対象を恐れている」（7行目）、「ある対象に対する恐怖」（18行目）あたりを使うとよいでしょう。

「恐怖症」の「Xかつ」については、「恐怖に加えて」とし、「Y」については、「恐怖を自我から排除し、恐怖が自我にとって異物となるとき」（11〜12行目）、「そのような恐怖は感じるべきでない、不合理だ、非現実的だ、馬鹿げているなどと思いはじめるとき」（12〜13行目）などが利用できそうですが、字数オーバーになってしまいます。これらを端的に表した「恐怖の否定」（18行目）を使うとよいでしょう。

解答例は、「恐怖は対象を恐れているだけであるが、恐怖症は恐怖に加えてその恐怖を否定したいとも思っている状態である（ということ）」、あるいは「ある対象を恐れているだけの恐怖と、恐怖を感じながらもその恐怖を否定したいとも思っている恐怖症は異なる（ということ）」となります。

前者の解答例は、この章の124ページで紹介した、**「差異」のフレーム②（発展）**を利用しました。後者の解答例は、このフレームを応用しています。

「差異」のフレーム②（発展）

AはXのみであるのに対し、BはXだけでなくYもある

（応用）XだけであるAと、Xに加えてYもあるBは異なる

一つ注意してほしいのは、「恐怖はある対象を恐れているときに感じるのに対し、恐怖症は恐怖を否定したいと思っているときに感じる（ということ）」というような解答を書いてはいけないということです。

この解答では、「ある対象に対する恐怖」（X）と「恐怖の否定」（Y）の両方がある状態を表現できていません。「恐怖症」は「恐怖を感じ（X）ながらも恐怖を否定したいと思っている（Y）」状態であることを説明しましょう。

問二　空欄を含む一文を分析して、本文で解答の根拠を探す。

□のある一文を分析すると、文のはじめに「たとえば」とありますね。つまり、「たとえば」以降の部分は、「恐怖症が成立する条件」の具体例だとわかります。

まず書かれているのは、「先祖に対して顔向けできない事態にならないよう日頃心掛けている老人」は「先祖恐怖」（X）に囚われているということです。これが、「当の老人自身には何の□もない」という状態ですね。

その後の部分（22～23行目）を読むと、この老人が「先祖恐怖を抑圧しはじめた（Y）」ときに、「先祖恐怖症」に陥ると書かれています。

このように、「**XかつY**」の状態になってはじめて恐怖症となるのです。先祖恐怖症に陥っていない老人は「**XかつY**」の状態ではないので、「何の［　］もない」の［　］の部分には、「**XかつY**」を意味する語である「**葛藤**」が入ります。

今回学んだ「**差異**」は文章を整理するときに最もよく使うフレームです。

その中でも**発展のフレーム（重なりを含む差異の比較）**については、本文によく出てくるだけでなく、試験でもよく問われるポイントとなっています。整理の仕方を知らない人が多数いる**差がつくポイントなので、ぜひマスターしてくださいね。**

覚醒ポイント

「AはXのみであるのに対し、BはXだけでなくYもある」という重なりを含む差異の比較では、XとYが両方あることを忘れない。

第7章 「類似」のフレームワーク

「類似」では、「どんなグループに入っているか」をとらえる

今回は**「類似」**について学びましょう。

現代文を読むときに、「**差異**（**対比**）に注意しましょう」とアドバイスされることは多いと思います。

その一方で、「**類似**（**類比**）に注意しましょう」というアドバイスはあまり耳にしません。

そのため、受験生は「**差異**」には強いけど、「**類似**」には弱いということになってしまいがちです。大学入試ではどちらも重要な**比較**ですから、「**差異**」だけでなく「**類似**」も読めるようになりましょう。

たとえば、第6章で考えた「ラグビー」と「アメフト」には、違い（差異）もありますが、似ている点（類似）もあります。

その一つを文にすると、「ラグビーは楕円形のボールを使用する。アメフトもまた楕円形のボールを使用する。」となります。ボールの大きさこそ違うものの、ラグビーとアメフトで使用するボールは、どちらも楕円形です。このように**「AはXである。BもまたXである」**という形で、似ている点を指摘するのが「**類似**」のフレームワークです。

「類似」のフレーム

AはXである。BもまたXである

AもBも、ともにXであるという点で同じである

同様に　共通

このフレームを図に表すと上記のようになります。

ラグビーもアメフトも、同じ「楕円形のボールを使用するスポーツ」というグループに入っています。同じグループ（類）に入っていて似ているから、「**類似**」と言うのですね。

ここで一番大切なのは、「どんなグループに入っているか」ということです。**個別のものに目を向けるのではなく、外側の大きなフレームをとらえることを意識してください。**

「類似」をつかむとは、外側の大きなフレームをとらえることである。

それでは、例題をやってみましょう。

例題 7 次の文章を読んで、後の問いに答えよ。 2018年 佛教大

①過去にあったタブーの侵犯を償うことで将来の「危険」を防ぐ伝統社会と、未来のリスクをマネジメントして「危険」を予防する近代社会、見かけは違っていても、この二つの間には案外と共通点がある、というのが※ダグラスの問いかけだ。近代社会でのリスクの洗い出しと、伝統社会でのタブーの侵犯を探すための呪術に共通点はないのだろうか？ 近代社会での※リスクマネジメントと、伝統社会での神の怒りを鎮める呪術との間には共通点はないのだろうか？

②医療の分野で有名なのは、手術室などでの清潔と不潔の区別だ。近代医学の最先端である手術室だから、細菌などによる感染というリスクを減らすために科学的なリスクマネジメントがおこなわれていると思われているが、じつはそうでもない。たとえば、手術場には、大型のピンセットのようなもの（鉗子《かんし》）をいれる花瓶のような背の高い入れ物がある。その入れ物はもちろん丸ごと消毒してあるが、内側は下から三分の二までは清潔で、上の三分の一と外側は不潔だと考えられている。もし、助手や看護師が鉗子を不潔な部分にちょっとでも触れさせると、それは不潔なものとなり手術には使えなくなる。しかし、なぜ三分の二なのかは、定められたルールなだけで、細菌数などの科学的理由によるものではない。

③リスクマネジメントとタブーや呪術が似通ってしまうのは、その行為によって生じる結果が重大なのに、その結果がどうなるかが不確実な場合といわれている。これは、医療にもよく当てはまる

特徴だ。どんなに技術の優れた名医が努力しても、完全に失敗しないことはありえない。結果がどうなるかが不確実な行為の場合には、リスクを避けたために成功したのか、そのリスクの有無は結果に無関係だったのかを判断することはきわめて困難である。そのために、リスクマネジメントが儀礼や呪術と区別がつかなくなりやすい。

（美馬達哉『リスク化される身体　現代医学と統治のテクノロジー』より）

《注》
※ダグラス＝イギリスの社会人類学・文化人類学者（一九二一～二〇〇七）。
※リスクマネジメント＝組織の、リスクを回避するための経営管理技術。

問　傍線部「この二つの間には案外と共通点がある」とあるが、どのような点か。その説明として最も適当なものを、次の①～④のうちから一つ選べ。

① 近代科学の技術を生かすべき医療の現場でも、伝統社会での呪術師と同様に、医者個人の力量の有無が常に問われる点。
② 近代社会の医療行為と伝統社会の呪術師の行為が、いずれも人知を超えたものと関わることで結果を出そうとしている点。
③ タブーの侵犯を償う伝統社会と未来のリスクをマネジメントする近代社会は、その行為による結果にこだわっていないところがある点。
④ 伝統社会の呪術や儀礼と同様に、近代社会でのリスクマネジメントにも結果との因果関係を科学的に説明できないものがある点。

読む

第①段落の一文目では、「過去にあったタブーの侵犯を償うことで将来の『危険』を防ぐ伝統社会」と「未来のリスクをマネジメントして『危険』を予防する近代社会」という二つの社会が挙げられています。

① 過去にあったタブーの侵犯を償うことで将来の「危険」を防ぐ伝統社会と、未来のリスクをマネジメントして「危険」を予防する近代社会、見かけは違っていても、この二つの間には案外と共通点がある、というのが※ダグラスの問いかけだ。近代社会でのリスクの洗い出しと、伝統社会でのタブーの侵犯を探すための呪術に共通点はないのだろうか？ ※近代社会でのリスクマネジメントと、伝統社会での神の怒りを鎮める呪術との間には共通点はないのだろうか？

「伝統社会」と「近代社会」は一見すると反対に見えますが、「共通点」があるというのがダグラスの主張です。その主張を受けて、筆者は「近代社会のリスクマネジメント」と「伝統社会のタブーや呪術」には「共通点」がないのかと、覚醒Check!▶問題提起をしています。

次に、第②段落を見てみましょう。

② 医療の分野で有名なのは、手術室などでの清潔と不潔の区別だ。近代医学の最先端である手術室だから、細菌などによる感染というリスクを減らすために科学的なリスクマネジメントがおこなわ

れていると思われているが、じつはそうでもない。たとえば、手術場には、大型のピンセットのようなもの（鉗子《かんし》）をいれる花瓶のような背の高い入れ物がある。その入れ物はもちろん丸ごと消毒してあるが、内側は下から三分の二までは清潔で、上の三分の一と外側は不潔だと考えられている。もし、助手や看護師が鉗子を不潔な部分にちょっとでも触れさせると、それは不潔なものとなり手術には使えなくなる。しかし、なぜ三分の二なのかは、定められたルールなだけで、細菌数などの科学的理由によるものではない。

第②段落では、「近代社会のリスクマネジメント」の具体例として「手術室の鉗子の入れ物」が挙げられています。「鉗子の入れ物の三分の二が清潔で、三分の一が不潔」という区別に、科学的理由はありません。

続いて第③段落を確認しましょう。

③　リスクマネジメントとタブーや呪術が似通ってしまうのは、その行為によって生じる結果が重大なのに、その結果がどうなるかが不確実な場合といわれている。これは、医療にもよく当てはまる特徴だ。どんなに技術の優れた名医が努力しても、完全に失敗しないことはありえない。結果がどうなるかが不確実な行為の場合には、リスクを避けたために成功したのか、そのリスクの有無は結果に無関係だったのかを判断することはきわめて困難である。そのために、リスクマネジメントが儀礼や呪術と区別がつかなくなりやすい。

第③段落では、「その行為によって生じる結果が重大なのに、その結果がどうなるかが不確実な場合」に「リスクマネジメント」と「タブーや呪術」が似たものになると説明されています。そして、「リスクを避けたために成功したのか、そのリスクの有無は結果に無関係だったのかを判断することはきわめて困難」であるために、両者の区別がつかなくなると説明されています。

この文章全体を図にまとめると次のようになります。

問題提起
「リスクマネジメント」（A）と「タブーや呪術」（B）に共通点はないのだろうか？

具体例
手術で用いる鉗子の入れ物の三分の二が清潔で三分の一が不潔という区別に、科学的理由がない

まとめ（問題提起の答え）
「リスクマネジメント」（A）と「タブーや呪術」（B）は、ともに「行為の結果がどうなるかが不確実な場合、リスクを避けたために成功したのか、そのリスクの有無は結果に無関係だったのかを判断することはきわめて困難」（X）である

このように「**類似**」を整理して読んでいきましょう。

解く

「伝統社会」と「近代社会」の**共通点**を答える問題です。類似点に注意して解答しましょう。

正解は④の「伝統社会の呪術や儀礼と同様に、近代社会でのリスクマネジメントにも結果との因果関係を科学的に説明できないものがある点。」となります。「行為の結果がどうなるかが不確実な場合、リスクを避けたために成功したのか、そのリスクの有無は結果に無関係だったのかを判断することはきわめて困難」という類似点（X）を説明している選択肢はこれしかありません。

他の選択肢を検討しましょう。

①は、「医者個人の力量の有無が常に問われる点」は「近代社会でのリスクマネジメント」にしかあてはまらない説明なので、誤りです。

②は、「人知を超えたものと関わることで結果を出そうとしている点」が「伝統社会のタブーや呪術」にしかあてはまらないため、誤りです。

「共通点」「類似点」を解答する問題であるにもかかわらず、この①や②のように、**A・Bのどちらか片方にしかあてはまらないような選択肢は誤りとなります**。注意しましょう。

③は、「その行為による結果にこだわっていないところがある点」が誤りです。本文には「結果にこだわっていない」ではなく「結果がどうなるかが不確実」と書かれていました。

続いて、**実践問題**に取り組んでみましょう。

7 次の文章を読んで、後の問いに答えよ。

2018年同志社大

① 今、私たちは、「あなたが見た夢はどこから来たと思いますか」と問われれば、自分の中の心の奥深いところから夢はやってきたと答えるだろう。また、夢は自分の脳の〔　ア　〕だと考えている人がほとんどであろう。けれども、夢をそうしたものだと考えるようになったのは、人類の長い歴史においては本当につい最近のことである。人は古来、夢は自分の外からやって来るもので、神や仏のような聖なる存在から自分たちに届けられる〔　イ　〕なのだと信じてきた。

② 自身を取りまく自然や宇宙に対する知識が乏しく、人間の手で制御できる範囲が今よりもずっと狭かった時代、人々は多くの不安と恐怖をかかえこんで生きなければならず、その不安や恐怖を静めることこそが夢に求められた役割であった。一寸先に起こる自然の変化も災害も予測することができない無力な人々は、なんとかして夢にその予兆を読み取ろうとし、これからどのように生きたらいいのか、直面している問題にどう対処したらいいのか、夢でその示唆を与えてくれるようにと神仏に祈った。

③ 何もせずにただ夢の到来を待つのではなく、自分の側から積極的に夢を得ようと人々が編み出した「仕掛け」が、「聖所での夜籠り = incubation」である。インキュベーションとは、「鳥の巣籠り」「鳥が卵を抱いて孵化させる」という意味で、古くには洞窟のような聖なる場所に籠もって祈り、夢の到来を待った。日本の古代では、「神牀（かむどこ）」で眠って夢の告げを得た天皇が、世の人々を滅亡の淵から救い出すことに成功する（『崇神記』）。夢見ることは王権の重要な核心を成していた。聖徳太子にとっての聖所は、「斑鳩の宮の寝殿の傍らに」造られた「夢殿」であった。

彼は「一日に三度沐浴して」この聖所に入り、明くる朝に出てくると、これから世の中で起こるであろう善悪の事を語ったという（「聖徳太子於此朝始弘仏法語」『今昔物語集』巻第十一―第一）。

④ 中世になると、誰もが夢の告げを得るために各地の仏堂に「参籠通夜」して幾日も幾晩も祈りつづけた。そして、幾夜にも及ぶ祈りの果てに、ふとまどろんだその暁に、夢は届けられるのだ。中世の仏堂には、古代の仏堂とは違って、参籠通夜する人のための空間（礼堂＝外陣）が設けられるようになり夢見の裾野は飛躍的に広がった。特に、観音は夢を送ってくれる仏として信仰を集める。「わらしべ長者」も、その話の発端は、天涯孤独な若者が自分の将来への最後の望みを託して大和長谷寺の観音堂に参籠し、「三七日果てて、明けんとする夜の夢に」仏からの告げを得るというものである（「参長谷男、依観音助得富語」『今昔物語集』巻第十六―第二十八／「長谷寺参籠男、預利生事」『宇治拾遺物語』巻七ノ五）。

⑤ 「夢見の場面」で注目されるのが、「きらめく光の筋」である。『融通念仏縁起絵巻』上巻第二段や下巻第三段では、天空の仏から一筋の「光のビーム」が眠る人に向かって発せられ、夢が届けられる様が描かれている。「参籠通夜」する人々の様子を描いた『石山寺縁起絵巻』巻二などでは、見ず知らずの男や女が礼堂（外陣）で隣り合って、内陣にまつられている観音に向かってただひたすらに祈りつづけたり、祈り疲れて柱にもたれてまどろんだりする姿が印象的であるが、これを見ていると、現代のインターネットカフェの情景にとてもよく似ていると思える。インターネットカフェでは、人々は隣にいるのがいったい誰なのかなどまったくお構いなしに、光る画面に向かってアクセスし、欲しい情報を得ようと努めている。その姿だけを見れば、「参籠通夜」している中世の人も、現代の私たちも、何ら違うところはない。ただ、今日のインターネット空間と違うのは、

中世の「夢見の場面」においてはその情報の発信源が神や仏たちだという点である。

（酒井紀美「夢の『意味』の変遷」より）

問一 〔 ア 〕・〔 イ 〕に入る語句の組み合わせとして最も適切なものを次の①～⑤から一つ選べ。

① ア 代物　イ 預かり物
② ア 老廃物　イ まわり物
③ ア 遺物　イ 授かり物
④ ア 余剰物　イ あつらえ物
⑤ ア 産物　イ 贈り物

問二 傍線部「その姿だけを見れば、『参籠通夜』している中世の人も、現代の私たちも、何ら違うところはない」の説明として最も適切なものを次の①～⑤から一つ選べ。

① 聖所での夜籠りは、夢の告げを得た人だけが、直面する問題に対する示唆を得ようとしている点で、現代のインターネットカフェの情景に似ている。
② 中世の仏堂には礼堂が設けられ、夢見のための個人的な空間が増えた点で、現代のインターネットカフェの情景に似ている。
③ 礼堂での籠りは、見ず知らずの人々と隣り合い、欲しい情報を得ようと努めている点で、現代のインターネットカフェの情景に似ている。

④ 仏堂での祈りは、隣にいるのが誰なのかお構いなしに、人々が情報を受けている点で、現代のインターネットカフェの情景に似ている。

⑤ 仏堂での祈りは、自然や宇宙を制御できる範囲が狭い人間が、不安や恐怖を静めるために限られた空間に籠もる点で、現代のインターネットカフェの情景に似ている。

読む

1 今、私たちは、「あなたが見た夢はどこから来たと思いますか」と問われれば、自分の中の心の奥深いところから夢はやってきたと答えるだろう。また、夢は自分の脳の〔 ア 〕だと考えている人がほとんどであろう。けれども、夢をそうしたものだと考えるようになったのは、人類の長い歴史においては本当につい最近のことである。人は古来、夢は自分の外からやって来るもので、神や仏のような聖なる存在から自分たちに届けられる〔 イ 〕なのだと信じてきた。

第1段落の冒頭では、現代人が「夢は自分の心の中や脳からやってくるもの」と考えていることが述べられます。その後、3行目の「けれども」で話の流れが転換され、「そうした考え方はつい最近のものである」と述べられますね。長い歴史の中では、「夢は自分の外からやってくるもの」だと信じられていたのです。図にまとめると次のようになります。

現在の夢　自分の内（心の中や脳）からやってくるものだと考えられている

↕

かつての夢　自分の外（神や仏のような聖なる存在）からやってくるものだと信じられていた

②　自身を取りまく自然や宇宙に対する知識が乏しく、人間の手で制御できる範囲が今よりもずっと狭かった時代、人々は多くの不安と恐怖をかかえこんで生きなければならず、その不安や恐怖を静めることこそが夢に求められた役割であった。一寸先に起こる自然の変化も災害も予測することができない無力な人々は、なんとかして夢にその予兆を読み取ろうとし、これからどのように生きたらいいのか、直面している問題にどう対処したらいいのか、夢でその示唆を与えてくれるようにと神仏に祈った。

第②段落では、かつて「夢が自分の外からやってくるもの」と考えられていた原因が説明されます。図にすると次のようになります。

原因

自身を取りまく自然や宇宙に対する知識が乏しく、人間の手で制御できる範囲が狭かった

⬇

人々は多くの不安と恐怖をかかえこんで生きなければならなかった

結果

夢で示唆を与えてくれるようにと神仏に祈った

③ 何もせずにただ夢の到来を待つのではなく、自分の側から積極的に夢を得ようと人々が編み出した「仕掛け」が、「聖所での夜籠り＝incubation」である。インキュベーションとは、「鳥の巣籠り」「鳥が卵を抱いて孵化させる」という意味で、古くには洞窟のような聖なる場所に籠もって祈り、夢の到来を待った。具体例 日本の古代では、「神牀（かむどこ）」で眠って夢の告げを得た天皇が、世の人々を滅亡の淵から救い出すことに成功する（『崇神記』）。夢見ることは王権の重要な核心を成していた。聖徳太子にとっての聖所は、「斑鳩の宮の寝殿の傍らに」造られた「夢殿」であった。彼は「一日に三度沐浴して」この聖所に入り、明くる朝に出てくると、これから世の中で起こるであろう善悪の事を語ったという（「聖徳太子於此朝始弘仏法語」『今昔物語集』巻第十一―第一）。

④ 中世になると、誰もが夢の告げを得るために各地の仏堂に「参籠通夜」して幾日も幾晩も祈りつづけた。そして、幾夜にも及ぶ祈りの果てに、ふとまどろんだその暁に、夢は届けられるのだ。中世の仏堂には、古代の仏堂とは違って、参籠通夜する人のための空間（礼堂＝外陣）が設けられるようになり夢見の裾野は飛躍的に広がった。特に、観音は夢を送ってくれる仏として信仰を集める。具体例 「わらしべ長者」も、その話の発端は、天涯孤独な若者が自分の将来への最後の望みを託して大和長谷寺の観音堂に参籠し、「三七日果てて、明けんとする夜の夢に」仏からの告げを得るというものである（「参長谷男、依観音助得富語」『今昔物語集』巻第十六―第二十八／「長谷寺参籠

男、預利生事」『宇治拾遺物語』巻七ノ五）。

第③段落には、「神仏が届ける夢」を積極的に得るための「仕掛け」、「聖所での夜籠り」の具体的な説明があります。古代の天皇や聖徳太子は夜に聖なる場所に籠もって夢を得ようとしていました。続く第④段落は、中世の話です。中世になると、権力者だけでなく「誰もが夢の告げを得るために祈り続けた」ということが説明されます。仏堂には「礼堂＝外陣」が設けられていて、多くの人が祈る空間になっていました。特に「観音」が夢を人々に送ってくれる仏として信仰を集めたことが説明され、「わらしべ長者」が観音信仰の具体例として挙げられます。

この第③段落と第④段落は長いのですが、具体的な説明が続いていますね。このような場合には、内容を簡潔にとらえるようにしましょう。図にまとめると次のようになります。

古代　権力者が夢のお告げを得ようと聖なる場所に籠もった

⬇

中世　誰もが夢の告げを得るために各地の仏堂に「参籠通夜」して祈り続けた

⑤「夢見の場面」で注目されるのが、「きらめく光の筋」である。『融通念仏縁起絵巻』上巻第二段や下巻第三段では、天空の仏から一筋の「光のビーム」が眠る人に向かって発せられ、夢が届けられる様が描かれている。「参籠通夜」する人々の様子を描いた『石山寺縁起絵巻』巻二などでは、
30

見ず知らずの男や女が礼堂（外陣）で隣り合って、内陣にまつられている観音に向かってただひたすらに祈りつづけたり、祈り疲れて柱にもたれてまどろんだりする姿が印象的であるが、これを見ていると、現代のインターネットカフェの情景にとてもよく似ていると思える。インターネットカフェでは、人々は隣にいるのがいったい誰なのかなどまったくお構いなしに、光る画面に向かってアクセスし、欲しい情報を得ようと努めている。その姿だけを見れば、「参籠通夜」している中世の人も、現代の私たちも、何ら違うところはない。ただ、今日のインターネット空間と違うのは、中世の「夢見の場面」においてはその情報の発信源が神や仏たちだという点である。

類似 35

第⑤段落では、中世の「参籠通夜」する人々と現代のネットカフェにいる人々が似ているということが説明されます。

これらの人々の「**類似点**」を図にすると、次のようになります。

中世　**見ず知らずの男や女が礼堂で隣り合って、「光のビーム」により夢が届けられるように祈り続ける**

現代　**隣にいるのがいったい誰なのかなどまったくお構いなしに、光る画面に向かってアクセスし、欲しい情報を得ようと努めている**

最後に中世と現代の「差異」も補足されますが、こちらは「ただ」という接続表現があるので、前の「**類似点**」の方が重要であるとわかります。

解く

問一　空欄を含む一文を分析して、本文で解答の根拠を探す。

本文1行目のここから！

今、私たちは、「あなたが見た夢はどこから来たと思いますか」と問われれば、自分の中の心の奥深いところから夢はやってきたと答えるだろう。また、夢は自分の脳の〔　ア　〕だと考えている人がほとんどであろう。けれども、夢をそうしたものだと考えるようになったのは、人類の長い歴史においては本当につい最近のことである。人は古来、夢は自分の外からやって来るもので、神や仏のような聖なる存在から自分たちに届けられる〔　イ　〕なのだと信じてきた。

まずは〔　ア　〕から考えていきましょう。

〔　ア　〕を含む一文を読むと、「夢は自分の脳の〔　ア　〕だと考える」と書かれています。ただし、これだけでは〔　ア　〕に入る言葉を推測することはできません。そこで、この文の頭にある「また」という接続表現に注目します。「また」は並列の働きをするので、この前に書いてあることと〔　ア　〕の内容が並べられていることがわかります。「また」の前には、「自分の心の奥深いところから夢はやってきた」とあるので、夢は自分の心が作ったものなのだろうと推測することができます。これと同じ意味になる語句は、選択肢⑤のア「産物」でしょう。

ただ、これだけでは答えを決められません。選択肢⑤のイ「贈り物」が〔　イ　〕に入ることを確認する必要があります。

〔　イ　〕を含む一文を確認しましょう。「人は古来、夢は自分の外からやって来るもので、神や仏のような聖なる存在から自分たちに届けられる〔　イ　〕なのだと信じてきた」とあります。選択肢⑤のイ「贈り物」は自分の外からやって来るものですので、〔　イ　〕に入る語句として問題ないでしょう。したがって、正解は⑤「ア　産物　イ　贈り物」となります。

他の選択肢は、①ア「代物」、②ア「老廃物」、③ア「遺物」、④ア「余剰物」がそれぞれ誤りです。これらはすべて「作った」という意味になりません。

問二　傍線部を含む一文を分析して、本文で解答の根拠を探す。

本文35行目のここから！

その姿だけを見れば、「参籠通夜」している中世の人も、現代の私たちも、何ら違うところはない。

類似

「参籠通夜」している中世の人も」、「現代の私たちも」と副助詞の「**も**」が使われていますね。このことから、「中世の人たち」と「現代の私たち」の「**類似点**」が問われていることがわかります。「**類似点**」は次のようになっていました。

中世　見ず知らずの男や女が礼堂で隣り合って、「光のビーム」により夢が届けられるように祈り続ける

現代　隣にいるのがいったい誰なのかなどまったくお構いなしに、光る画面に向かってアクセスし、欲しい情報を得ようと努めている

この「**類似点**」をふまえて正解を選びましょう。

正解は③の「礼堂での籠りは、見ず知らずの人々と隣り合い、欲しい情報を得ようと努めている点で、現代のインターネットカフェの情景に似ている。」です。中世の夢見でも現代のインターネットカフェでも、見ず知らずの人たちが隣り合っています。また、欲しい情報（夢見の場合は「仏の告げ」）を得ようと努めている点も類似していますね。

①は、「夢の告げを得た人だけが、直面する問題に対する示唆を得ようとしている点」が誤り。「示唆を得ようとしてお祈りをして、夢の告げを得る」のです。順序が本文と逆になっていますね。

②は、「夢見のための個人的な空間が増えた点」が誤りです。「見ず知らずの男と女が隣り合って」いるわけですから、「個人的な空間」ではありません。

④は、「隣にいるのが誰なのかお構いなしに、人々が情報を受けている点」が誤りです。「情報を受けている」のではなくて、「情報を得ようと努めている」のです。

⑤は「不安や恐怖を静めるために限られた空間に籠もる点」が誤りです。「不安や恐怖」は現代の人にはあてはまりません。もしかしたら、「インターネットカフェにいる人のなかには、不安や恐怖を抱いている人

がいるかもしれないじゃないか」と思うかもしれませんね。確かに「現代社会」の問題であれば、そう考えられる可能性もあります。しかし、「現代文」では本文にそういった内容がない限り、正解にはできません。

覚醒Check!▶「現代文」では、本文から読み取れることを根拠に正解を出していくのです。

今回学んだ「類似」は、前回学んだ「差異」とちょうど反対の考え方です。

「差異」で物事の違いをとらえ、「類似」で物事の共通点をとらえられれば、本文全体の深い理解につながります。

「類似」をとらえるときの最大のポイントは、「どんなグループに入っているか」でしたね。どうしても個別の違いが目につきやすいので、**外側の大きなフレームに目を向けるようにしましょう。**

また、問題を解くときには、片方にしかあてはまらないものは正解にならないということも覚えておきましょう。

これらをおさえて、ぜひ「類似」も使いこなせるようになってくださいね。

覚醒ポイント

「類似」では、個々の違いに目を向けてはならない。外側の大きなフレームをとらえることを意識する。

第8章

「並列」「選択」のフレームワーク

「重なり」と「範囲」を見抜けば、ハッキリわかる

今回は**「並列」「選択」**について学びましょう。

まずは「**並列**」について考えていきます。**「並列」とは、「ある情報に別の情報をプラスし、その両方を満たしている状態」のこと**。英語で言うと「**and**」ですね。少し難しく感じるかもしれませんが、そんなことはありません。

たとえば「雨が降っている。なおかつ、雷も鳴りひびいている。」という文をイメージしてください。「雨が降っているだけでなく、雷も鳴りひびいている」ということがわかると思います。逆に言うと、雨だけが降っている場合も、雷だけが鳴っている場合も、この文は成立しません。これが「**並列**」です。

論理的な文章では、一つの事柄を説明するのにいろいろな条件が並べられることがあります。

これを理解するために、身近な例を使って考えてみましょう。

たとえば、【「高校三年生」であり、かつ「受験生」であるAさん】がいたとしましょう。

これを図にすると、上記のようなイメージになります。

このように、Aさんは「高校三年生」と「受験生」の重なるところにいると考えられますね。

なぜこうしたとらえ方をする必要があるのでしょうか？

それは、他の人との違いが理解しやすくなるからです。

たとえば、【「高校三年生」だが「受験はしない」Bさん】、【「受験生」だが「浪人生」のCさん】は、それぞれAさんとは違うグループに入りますね。

Aさん・Bさん・Cさんの関係を図に表してみると、上記のようになります。

これらをふまえて、「**並列**」のフレームをまとめます。

「並列」のフレーム

AかつB

さらに・そのうえ・加えて
だけでなく・のみならず
と・や
つつ・ながら・同時に・とともに

これらのカタチで書かれている部分があったら、**どんなことが重なり合っているのかをとらえる**ようにしましょう。

「並列」では、重なり合っている部分をとらえる。

これに対して、「**選択**」は、**二つのもののうち少なくともどちらか一方を選ぶこと**を言います。英語で言うと「**or**」ですね。

たとえば、「放課後には、クレープまたはドーナツを食べたい。」といった文をイメージするとわかりやすいと思います。この文は、「クレープ」か「ドーナツ」のどちらかを選んで食べる意味になります。これが「**選択**」です。

「選択」のフレーム

AまたはB

あるいは・もしくは・ないしは
か・や

これらのカタチで書かれている部分があったら、**どこまでの範囲のことを述べているのかをとらえる**ようにしましょう。

「選択」では、どこまでの範囲のことを述べているのかをとらえる。

ただし、少しだけ気をつけてほしいことがあります。

「**選択**」とは、「少なくともどちらか一方を選ぶ」ことだと言いましたが、実は**「両方」を選ぶこともできる**のです。

たとえば、「放課後にはクレープまたはドーナツを食べたい」と言った場合、クレープとドーナツの両方を食べたからといって、「ウソつき」と言われることはありません。ここはよく注意しておいてください。

それでは、**例題**をやってみましょう。

例題 8

次の文章を読んで、後の問いに答えよ。　2019年 上智大

①〈普遍語〉とは何か？

②私は、〈普遍語〉とは、〈書き言葉〉と〈話し言葉〉のちがいをもっとも本質的に表すものだと思っている。

③〈話し言葉〉は発せられたとたんに、その場で空中にあとかたなく消えてしまう。それに対して、〈書き言葉〉は残る。だが、〈書き言葉〉がたんに物理的に残るというだけでは意味がない。古代エジプト語や古代ギリシャ語の文章が刻みこまれた※ロゼッタ・ストーンは、重さ約七百六十キロもあり、いかなる力持ちにも動かせるものではない。紀元前二世紀に造られたものだが、昔の人が、ロゼッタ・ストーンに刻みこまれた文章を読むため、海越え山越えはるばるエジプトまで行かねばならないようだったら、〈書き言葉〉はここまで人類にとって意味をもちえなかった。〈書き言葉〉は写すことができる。それも、羊皮紙や紙など、並みの人間が動かせる程度の軽いものに写すことができる。しかも、何度も何度もくり返して写すことができる。それゆえに、どこまでも広まり、どこまでも広まることによって、地球のあちこちでさまざまな言葉を話す人がそれを読むことができる。そして、読んだあとに、その〈書き言葉〉を使って、自分なりの解釈を書き足すこともできる。そうすることによって、人類の叡智が蓄積されつつ広まる。〈書き言葉〉が、このようなものであるがゆえ、長年にわたる人類の叡智が、蓄積されつつ、大きく広く拡がっていったのである。

（水村美苗『日本語が亡びるとき　英語の世紀の中で』より）

《注》

※ロゼッタ・ストーン＝古代エジプトの石碑。古代エジプト語の神聖文字と民衆文字、およびギリシャ文字が刻まれている。

問 傍線部「〈書き言葉〉がたんに物理的に残るというだけでは意味がない」とあるが、このように言えるのはなぜか。最も適切なものを次の①〜④から一つ選べ。

①〈書き言葉〉は、繰り返し写され、広がり、解釈され、徐々に変化してこそ真の意義をもつから。

②〈書き言葉〉は、多くの人に読まれ共有されてはじめて〈話し言葉〉とは異なる意義をもつから。

③〈書き言葉〉は、それを書き写すための羊皮紙や紙などの持ち運ぶことのできる媒体の発明を促したところにこそ、その意義があるから。

④〈書き言葉〉は未発掘の遺跡の中に眠っている間は意味をもたず、発見されて人々の注目が集まることによって意義を獲得するから。

読む

1 〈普遍語〉とは何か？（問題提起）

2 私は、〈普遍語〉とは、〈書き言葉〉と〈話し言葉〉のちがいをもっとも本質的に表すものだと思っている。

③〈話し言葉〉は発せられたとたんに、その場で空中にあとかたなく消えてしまう。それに対して、〈書き言葉〉は残る。だが、〈書き言葉〉がたんに物理的に残るというだけでは意味がない。古代エジプト語や古代ギリシャ語の文章が刻みこまれた※ロゼッタ・ストーンは、重さ約七百六十キロもあり、いかなる力持ちにも動かせるものではない。紀元前二世紀に造られたものだが、昔の人が、ロゼッタ・ストーンに刻みこまれた文章を読むため、海越え山越えはるばるエジプトまで行かねばならないようだったら、〈書き言葉〉はここまで人類にとって意味をもちえなかった。〈書き言葉〉は写すことができる。それも、羊皮紙や紙など、並みの人間が動かせる程度の軽いものに写すことができる。しかも、何度も何度もくり返して写すことができる。それゆえに、どこまでも広まり、どこまでも広まることによって、地球のあちこちでさまざまな言葉を話す人がそれを読むことができる。そして、読んだあとに、その〈書き言葉〉を使って、自分なりの解釈を書き足すこともできる。そうすることによって、人類の叡智が蓄積されつつ広まる。〈書き言葉〉が、このようなものであるがゆえ、長年にわたる人類の叡智が、蓄積されつつ、大きく広く拡がっていったのである。

第①段落は、「普遍語とは何か」という**覚醒Check!**▶問題提起ですね。

これに続く第②段落では、「書き言葉と話し言葉の違いを最も本質的に表すもの」と、その答えがハッキリと示されています。

「書き言葉と話し言葉の違い」については、第③段落以降に書かれています。まずは第③段落の冒頭にある「〈話し言葉〉は発せられたとたんに、その場で空中にあとかたなく消えてしまう。それに対して、〈書き言葉〉は残る」という部分を、次のように図にまとめてみましょう。

話し言葉　消えてしまう

↔

書き言葉　残る

このように、「話し言葉」が消えてしまうのに対して、「書き言葉」は残るという違いがあります。そのうえで、5行目では「だが」という逆接で話の流れを転換して、「〈書き言葉〉がたんに物理的に残るというだけでは意味がない」とつけ加えます。「**だけでは〜ない**」という形は「**並列**」のフレームでしたね。

ここから先、書き言葉の特徴である「残る」に、どんな特徴がつけ加えられるのかを考えながら読んでいきましょう。

すると、9〜10行目で「〈書き言葉〉は写すことができる」という説明がつけ加えられます。5〜9行目の「古代エジプト語や〜意味をもちえなかった」という部分は、〈書き言葉〉が写せないものだったら、人類にとってここまで意味のあるものにはならなかったということを表していたわけです。

そして10〜11行目では、「それも」という言葉によって「軽いもの」に写すことができるとつけ加えられ、続く11行目では、「しかも」という言葉によって「何度も何度もくり返して」写すことができるという情報がつけ加えられました。

その後、書き言葉は、「それゆえに、広まり」、「さまざまな言葉を話す人が読むことができ」、「解釈を書き足すことも」できるものとなっていきます。これによって「人類の叡智が蓄積されつつ広まる」のですね。
ここまでが「普遍語」の説明です。図にまとめると次のようになります。

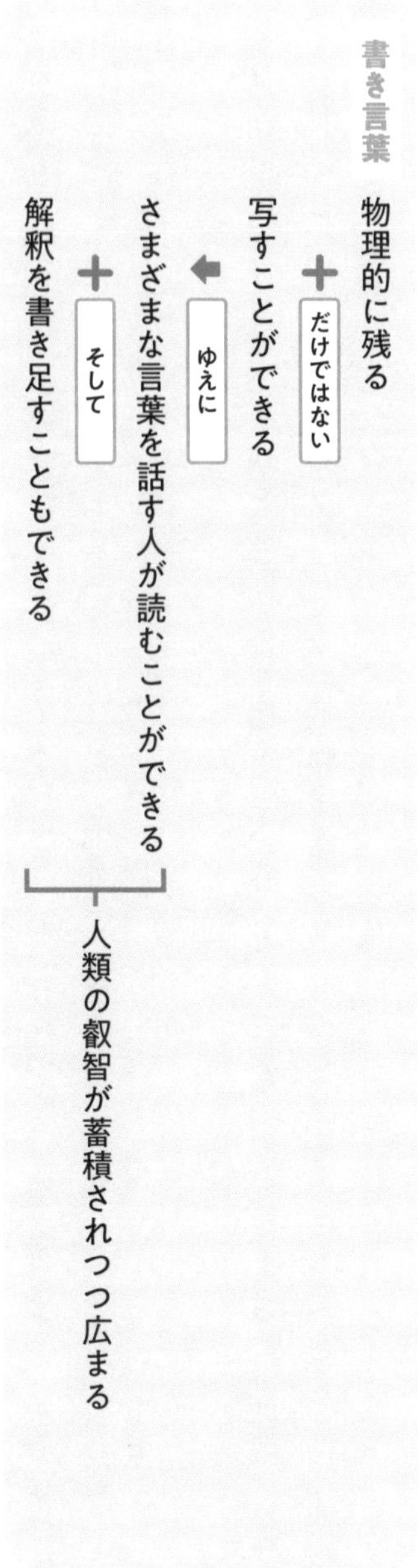

「普遍語」とは、写したり書き足したりすることで人類の叡智が蓄積されつつ広まるという、〈書き言葉〉の本質を表すものだとわかりましたね。

解く

傍線部の理由を説明する問題です。

傍線部の「〈書き言葉〉がたんに物理的に残るというだけでは意味がない」は、「〈書き言葉〉の意味はたんに物理的に残るというだけではない」と言い換えられます。

「**〜だけではない（だけでなく）**」は「**並列**」のフレームでしたね。「Aだけではない」理由は「Bもあるから」です。「**AだけではなくBも**」というフレームを意識しながら、解答しましょう。

正解は②の「〈書き言葉〉は、多くの人に読まれ共有されてはじめて〈話し言葉〉とは異なる意義をもつから。」となります。

他の選択肢を検討してみましょう。

①は、「繰り返し写され、広がり、解釈され」まではよかったのですが、「徐々に変化」という部分が誤りです。本文には「自分なりの解釈を書き足すこともできる」とありました。「書き足す」ことは「蓄積」にあたり、もともと書かれていた内容が「徐々に変化」することとは異なります。**本文と違う内容が並べられているものは正解にならないということを覚えておきましょう。**

③は、「持ち運ぶことのできる媒体の発明を促した」が誤りです。〈書き言葉〉は「並みの人間が動かせる程度の軽いものに写すことができる」のであって、「〈書き言葉〉が持ち運ぶことのできる媒体の発明を促した」とは書かれていませんでした。**本文にない因果関係が書かれている選択肢は誤りとなります。**

④については、「発見されて人々の注目が集まる」とは、本文に書かれていませんでした。

続いて **実践問題** を解いていきましょう。

8 次の文章を読んで、後の問いに答えよ。

2018年 学習院大

① タレントがその私生活を自分からマスメディアに公表することは、いまではまったく珍しくなくなった。これまでマスメディアに私生活を暴露され憤慨してきた彼らが、自らの結婚や離婚、病気などについて、自分からファックスでマスメディアに連絡する。もちろん一般の人びとにとっては、知らされてもほとんど関係がない話ばかりである。彼らの行動を自己宣伝や売名行為ととらえて眉をひそめる人も少なからずいる。一方でプライバシー保護を訴えておきながら、都合のいいときだけ私生活をさらけ出そうとする、というわけだ。

② だが別のとらえ方はこうである。彼らは先手を打とうとしているのだ。マスメディアに詮索され、おもしろおかしく記事にされる前に、自分の方から情報公開してその出鼻をくじこうという、いわば他人による物語化に対する予防措置である。

③ はたして売名行為か物語化の阻止か。このことに裁定を下すつもりはない。プライバシーを理解するうえで重要なのは、このようなことがなぜおこなわれるのかということ、そしてそれが[1]売名行為と予防措置のどちらともいえる構図だということである。

④ ここには〈私づくり〉の主導権をめぐる対立の構図がある。マスメディアは、有名人たちの事件や私生活を素材にして、社会に売り込みやすいステレオタイプの物語をつくろうとする。たとえば、英雄や聖人君子の物語、スキャンダル、ロマンスや破滅、勧善懲悪、愚か者や悪人がたどる運命、清廉潔白な人間の裏の顔などである。一方、有名人側も、自分にとって都合がいい人格的イメージをつくり、維持したいと考えている。しかし両者は、しばしば相《あい》容《い》れない。マスメディアに

都合がいい物語は、タレントのイメージにとっては不利益であることが多いからだ。

⑤ そこに争いが生まれるのは当然である。タレントは、自分自身のイメージづくりやその管理について自らの主導権を主張する。自分のことは自分がいちばんよく知っているし、マスメディアの物語は間違いだらけだという。一方、マスメディアは、すさまじい情報伝達力によって、彼らがつくった物語的イメージを広めてしまう。これには個々人による情報発信など非力であり、とても太《た》刀《ち》打《う》ちできない。これに対抗するには、マスメディアの力を逆手にとって自分が望む情報を先に流すしかない。自分に関する情報の伝達を自らコントロールすることで、自分のイメージに関する主導権を奪われまいとするのである。

⑥ ここにはプライバシー問題の核心がよく現れている。それは〈私づくり〉の主導権を誰が握るかという問題である。マスメディアによって自分のイメージをつくられてしまいそうな人びとにとって、自分自身の情報を自らコントロールすることの重要度は高い。そうしなければ、他人によって勝手な〈私〉、自らの物語的分身、すなわちファンタジー・ダブルがつくられて、社会を独り歩きし始めることになりかねないからだ。そのためにマスメディアを利用しようとするのである。

⑦ 昨今、人びとはマスメディアに対抗する強力な情報発信ツールを手に入れた。それはインターネットであり、またそれを活用したウェブサイトやブログである。人びとはそれらによってさまざまな自分の活動、知識や趣味、日常生活、そしてときには心境や悩みなどまで公表するようになった。〈私づくり〉の主導権を確保するうえでは、画期的な手段である。実際の効果がどの程度かはわからない。だがイメージづくりのイニシアティヴをマスメディアに握られていた人びとにとって、自力で公に情報発信する有力な手段を手に入れたことに変わりはないだろう。[2]人びとは、今

度は自らの手でつくった自分自身の物語（ファンタジー・ダブル）を世に出そうとする。

（阪本俊生『ポスト・プライバシー』より）

問一　傍線部1「売名行為と予防措置のどちらともいえる構図」とあるが、筆者はこの構図をどのように説明しているか。その説明として最も適切なものを次の①〜⑤から一つ選べ。

① 自分のイメージを作る主導権を他人に渡さないために、インターネットを駆使して、マスメディアより広範囲に情報を発信しようとする構図。

② 自分のイメージを作る主導権を他人に渡さないために、マスメディアとの正面衝突を避け、インターネットで信頼性の高い情報を事前に発信しようとする構図。

③ 自分のイメージを作る主導権を他人に渡さないために、マスメディアやインターネットを利用し、相手の機先を制して情報を発信しようとする構図。

④ 自分のイメージを作る主導権を他人に渡さないために、マスメディアがだめな場合はインターネットを使用して、人権やプライバシーの重要性に関する情報をいち早く発信しようとする構図。

⑤ 自分のイメージを作る主導権を他人に渡さないために、マスメディアの支配が及ぶ前に、インターネットで繰り返し同じ情報を発信しようとする構図。

問二　傍線部2「人びとは、今度は自らの手でつくった自分自身の物語（ファンタジー・ダブル）を世に出そうとする」とあるが、「自らの手でつくった」ものが「物語（ファンタジー・ダブル）」と表現されているのはなぜか。その理由として最も適切なものを次の①～⑤から一つ選べ。

① 自分で勝手につくったものであるため、リアリティーをもつかどうかは受けとる相手次第だから。

② 自分の利害にかかわるものであるため、真実か嘘かははっきり決められないところがあるから。

③ 自分が自分の意思に基づいてつくったものであるため、自分と切り離せるはずがないから。

④ 自分だけの領域を築くことをめざしたものであるため、過度に排他的な部分が含まれているから。

⑤ 自分で自分を制御することを目的としたものであるため、自分が制御不能な弱点は省いてしまっているから。

読む

1 タレントがその私生活を自分からマスメディアに公表することは、いまではまったく珍しくなくなった。これまでマスメディアに私生活を暴露され憤慨してきた彼らが、自らの結婚や離婚、病気などについて、自分からファックスでマスメディアに連絡する。もちろん一般の人びとにとっては、知らされてもほとんど関係がない話ばかりである。彼らの行動を自己宣伝や売名行為ととらえて眉をひそめる人も少なからずいる。一方でプライバシー保護を訴えておきながら、都合のいいときだけ私生活をさらけ出そうとする、というわけだ。

②だが別のとらえ方はこうである。彼らは先手を打とうとしているのだ。マスメディアに詮索され、おもしろおかしく記事にされる前に、自分の方から情報公開してその出鼻をくじこうという、いわば他人による物語化に対する予防措置である。

③はたして売名行為か物語化の阻止か。このことに裁定を下すつもりはない。プライバシーを理解するうえで重要なのは、このようなことがなぜおこなわれるのかということ、そしてそれが[1]売名行為と予防措置のどちらともいえる構図だということである。

第①段落では、「タレントがその私生活を自分からマスメディアに公表すること」を「自己宣伝や売名行為」だととらえる見方が説明されています。一方、第②段落では、「他人による物語化に対する予防措置」だととらえる見方が説明されています。

そして、第③段落の冒頭では「売名行為か物語化の阻止か」と、「**AかBか**」という「**選択**」のフレームが用いられています。しかし、筆者は「このことに裁定を下すつもりはない」と述べます。重要なのは、「このようなことがなぜおこなわれるのかということ」と、「それが売名行為と予防措置のどちらともいえる構図だということ」なのです。これは、「**AとB**」という「**並列**」のフレームですね。

タレントがその私生活を自分からマスメディアに公表することは、
A「自己宣伝や売名行為」かB「他人による物語化に対する予防措置」か

主張

重要なのは、

・なぜおこなわれるのかということ
・A「売名行為」とB「予防措置」のどちらともいえる構図だということ

4 ここには〈私づくり〉の主導権をめぐる対立の構図がある。マスメディアは、有名人たちの事件や私生活を素材にして、社会に売り込みやすいステレオタイプの物語をつくろうとする。たとえば、英雄や聖人君子の物語、スキャンダル、ロマンスや破滅、勧善懲悪、愚か者や悪人がたどる運命、清廉潔白な人間の裏の顔などである。一方、有名人側も、自分にとって都合がいい人格的イメージをつくり、維持したいと考えている。しかし両者は、しばしば相容《あいい》れない。マスメディアに都合がいい物語は、タレントのイメージにとっては不利益であることが多いからだ。

5 そこに争いが生まれるのは当然である。タレントは、自分自身のイメージづくりやその管理について自らの主導権を主張する。自分のことは自分がいちばんよく知っているし、マスメディアの物語は間違いだらけだという。一方、マスメディアは、すさまじい情報伝達力によって、彼らがつくった物語的イメージを広めてしまう。これには個々人による情報発信など非力であり、とても太《た》刀打《ちう》ちできない。これに対抗するには、マスメディアの力を逆手にとって自分が望む情報を先に流すしかない。自分に関する情報の伝達を自らコントロールすることで、自分のイメージに関する主導権を奪われまいとするのである。

6 ここにはプライバシー問題の核心がよく現れている。それは〈私づくり〉の主導権を誰が握るかという問題である。マスメディアによって自分のイメージをつくられてしまいそうな人びとにとって、自分自身の情報を自らコントロールすることの重要度は高い。そうしなければ、他人によって勝手な〈私〉、自らの物語的分身、すなわちファンタジー・ダブルがつくられて、社会を独り歩きし始めることになりかねないからだ。そのためにマスメディアを利用しようとするのである。

⑦ 昨今、人びとはマスメディアに対抗する強力な情報発信ツールを手に入れた。それはインターネットであり、またそれを活用したウェブサイトやブログである。人びとはそれらによってさまざまな自分の活動、知識や趣味、日常生活、そしてときには心境や悩みなどまで公表するようになった。〈私づくり〉の主導権を確保するうえでは、画期的な手段である。実際の効果がどの程度かはわからない。だがイメージづくりのイニシアティヴをマスメディアに握られていた人びとにとって、自力で公に情報発信する有力な手段を手に入れたことに変わりはないだろう。[2]人びとは、今度は自らの手でつくった自分自身の物語（ファンタジー・ダブル）を世に出そうとする。

第④段落以降は、「なぜ売名行為や物語化の阻止がおこなわれるのか」に注目しながら読んでいきましょう。

ポイントは、「〈私づくり〉の主導権をめぐる対立の構図」です。「マスメディアは、有名人たちの事件や私生活を素材にして、社会に売り込みやすいステレオタイプの物語をつくろう」とします。一方、「有名人側も、自分にとって都合がいい人格的イメージをつくり、維持したいと考えている」のです。この二者の考え方が相容《あいい》れません。図にまとめると次のようになります。

マスメディア ⟷ **社会に売り込みやすいステレオタイプの物語をつくろうとする**

有名人　**自分にとって都合がいい人格的イメージをつくり、維持したいと考えている**

第⑤段落では、〈私づくり〉の主導権争いの様相が詳しく述べられています。

第⑥段落では、「自分自身の情報をコントロールしないと、勝手なイメージを作られてしまう」と、タレントがマスメディアの力を利用しようとする根拠が述べられています。

そして第⑦段落では、〈私づくり〉の主導権を確保するうえで画期的な手段である「インターネット（ウェブサイト・ブログ）」という情報発信ツールを利用して、自分のイメージを作るようになったとつけ加えられます。ここまでを図にすると次のようになります。

根拠
タレントが自分自身の情報をコントロールしないと、マスメディアが勝手なイメージを作ってしまう

⬅

主張
タレントはマスメディアの力を逆手にとって自分が望む情報を先に流すことで自分のイメージを作ろうとする

＋

タレントはインターネット（ウェブサイト・ブログ）を使って自分のイメージを作ろうとする

このようにまとめることができれば、タレントが私生活をマスメディアに公表することの理由を整理できたということになります。

解く

問一　傍線部を含む一文を分析して、本文で解答の根拠を探す。

傍線部の内容について、筆者がどのような説明を展開しているかをとらえる問題です。「売名行為と予防措置」に関して、筆者は「マスメディアに対する対抗策」だと述べています。放っておくとマスメディアが都合のよいイメージを作ってしまうので、先手を打ってタレントが自分のイメージづくりの主導権を握ろうとするのでしたね。それがわかっていれば正解することができます。

正解は、③の「自分のイメージを作る主導権を他人に渡さないために、マスメディアやインターネットを利用し、相手の機先を制して情報を発信しようとする構図。」となります。「機先を制する」とは、先手を打って、自分の有利な状況にすることです。そのための「対抗策」としては、本文後半にある「インターネット」の利用が印象に残るかもしれません。ただ、30行目に「マスメディアを利用しようとするのである」とあることから、「マスメディアやインターネット」の両方が書かれている③が正解だとわかりますね。

いま確認したとおり、タレントが自分のイメージをつくる主導権を他人に渡さないために利用するものとして、本文ではまず「マスメディア」が挙げられています。そして、それと並べて「インターネット」が挙げられていました。このように、**本文中で、ある情報と別の情報が並べられていた場合、その両方が選択肢に書かれているものが正解になります。**

①は、「マスメディアより広範囲に」の部分が誤りです。本文には、インターネットがマスメディアよりも「広範囲」に情報を発信できるとは書かれていません。本文にない比較があるものは誤りとなります。

②は、まず「マスメディアとの正面衝突を避け」の部分が誤りです。これも本文に書かれていない内容ですね。また、後半に「信頼性の高い情報」とありますが、タレントが発信したいのは「自分が望む情報」(23行目)なので、ここも誤りです。

④は、まず「マスメディアがだめな場合はインターネットを使用して」という部分が誤りです。タレントは「マスメディア」と「インターネット」の両方を利用して情報発信をしようとするのでした。また、後半に「人権やプライバシーの重要性に関する情報をいち早く発信しようとする」とありますが、タレントが情報を発信する目的は、「自分にとって都合がいい人格的イメージ」をつくることだったので、ここも誤りです。

⑤は、「インターネットで繰り返し同じ情報を発信しようとする」という部分が誤りです。「繰り返し」「同じ情報」を発信しようとしているとは述べられていませんでした。

「並列」に注意して内容を確認すれば、間違いを防ぐことができますね。

問二　傍線部を含む一文を分析して、本文で解答の根拠を探す。

傍線部の理由を説明する問題です。

「自らの手で作った」イメージが、「自分自身の物語（ファンタジー・ダブル）」となってしまう理由が説明されているものを選びましょう。「自らの手で作った」イメージとは、第④段落で述べられていたように、「自分（有名人）にとって都合がいい人格的イメージ」です。逆に言えば「都合の悪い部分」が隠されていることになるので、やはりそれも「物語（ファンタジー）」だということになります。

正解は、⑤の「自分で自分を制御することを目的としたものであるため、自分が制御不能な弱点は省いてしまっているから。」となります。「都合の悪い部分」（＝「弱点」）が省かれていると説明されている選択肢はこれしかありません。

①は、「リアリティーをもつかどうかは受けとる相手次第」が誤りです。「相手」ではなく「自分で都合よく作った」から「物語」なのです。

②は、「真実か嘘かははっきり決められない」が誤りです。この部分を「真実」＝リアル、「嘘」＝ファンタジー（物語）に置き換えて考えてみると、「リアルかファンタジー（物語）かはっきり決められない」という文になります。言い換えると、リアルかもしれないし、ファンタジー（物語）かもしれないわけです。「リアル」と「ファンタジー（物語）」の両方の可能性があるので、設問のように「ファンタジー（物語）」だと言い切ることはできません。**「AかBかわからない。だからB」というのは誤った推論の仕方です。**

③は、「自分と切り離せるはずがない」が誤りです。まずは、傍線部の「ファンタジー・ダブル」の意味をはっきりさせましょう。29行目に「自らの物語的分身、すなわちファンタジー・ダブル」という表現があります。つまり、「ファンタジー・ダブル」とは「自らの分身」のことです。「分身」とは、体が二つ以上に「分かれる」ことですね。そのうえで、もう一度③の選択肢を読んでください。「自分と切り離せるはず

がないから」と書かれています。おかしいですね。「『自らの手でつくった』ものが『ファンタジー・ダブル（自らの分身）』と表現されるのはなぜか」という問題の答えが、「自分と切り離せるはずがないから」では、理屈が通りません。言い方を変えれば、「自らがつくったものは、自分と切り離せない。だから、ファンタジー・ダブル（自分の分身）だ」という理屈になっているわけです。理由を説明する問題では、**「Aでない。だからAだ」というように、前提と帰結が矛盾してしまうものは誤りである**ということも覚えておきましょう。

④は「自分だけの領域を築くことをめざした」が誤りです。本文には、タレントが多くの人に発信する自分のイメージをコントロールしようとしているのだと書かれていました。

今回学んだ「**並列**」や「**選択**」は、文章を整理するときだけでなく、選択肢の正誤を判断するときにもよく使うフレームです。

文章を読むときだけでなく、選択肢の分析のときにも意識できれば完璧です。

覚醒ポイント

「並列」では、何が並べられているかをとらえる。
「選択」ではどこまでの範囲のことを述べているかをとらえる。

第9章

「矛盾」「逆説」のフレームワーク

相反することが書かれていたら、「矛盾」「逆説」を疑え

本書では、現代文の読解に有効な「フレーム」を学習してきました。「フレーム」という武器を手に入れたことで、いままでよりも文章の内容がとらえやすくなったのではないでしょうか。

最後に**「矛盾」「逆説」**について学びます。少し難しく感じるかもしれませんが、ここまで読み進めてきたみなさんなら、必ず理解できます。一緒にゴールを目指しましょう!

「矛盾」とはなんでしょうか?

なんとなく「食い違っていること」ととらえている人もいるでしょう。

「どんな盾も突き通す矛と、どんな矛も防ぐ盾」という故事で覚えている人もいるかもしれませんね。

もちろん、どちらも正解です。ただ、現代文で**「矛盾」**をとらえるときには、フレームを覚えておくと、

あらゆる場面で役に立ちます。

「**矛盾**」とは「**Aであり、かつAでない**」**という状態のこと**。つまり、「**かつ**」と「**でない**」の両方が使われているのが、「**矛盾**」のフレームということになります。

「矛盾」のフレーム Aであり、かつ、Aでない

たとえば、「本日は晴天であり、かつ、晴天でない。」などというように、「**かつ**」と「**でない**」を両方使うと、正しくない文になりますね。つまり、「**矛盾**」とは、「**かつ**」**と**「**でない**」**が両方使われている、正しくない文**のことなのです。

矛盾

また、「**矛盾**」とよく似たものに「**逆説**」があります。

これは、**一見矛盾しているが、実は一面の真理を言い表した文**です。「急がば回れ」などがこれにあたります。形だけ見ると矛盾とそっくりです。

ここで「**逆説**」のフレームもチェックしておきましょう。「**Aと同時に、B**」や「**Aすると、かえってB**」などがこれにあたります。

「逆説」のフレーム
①Aと同時に、B（Aの反対）
②Aすると、かえってB（Aの反対）

では、「**矛盾**」と「**逆説**」には、どのような違いがあるのでしょうか。

その答えは簡単。**「矛盾」が正しくない文であるのに対して、「逆説」は正しい文なのです。**

たとえば、「どんな盾も突き通す矛」と「どんな矛も防ぐ盾」の両方を同時に満たすことはできませんよね。つまり、内容として正しくないわけです。

これに対して、「急がば回れ」を「しっかり準備したほうが、かえって早く目的を達成できる」という意味でとらえれば、「なるほど、確かに正しいときもあるよな」と感じるのではないでしょうか。

逆説

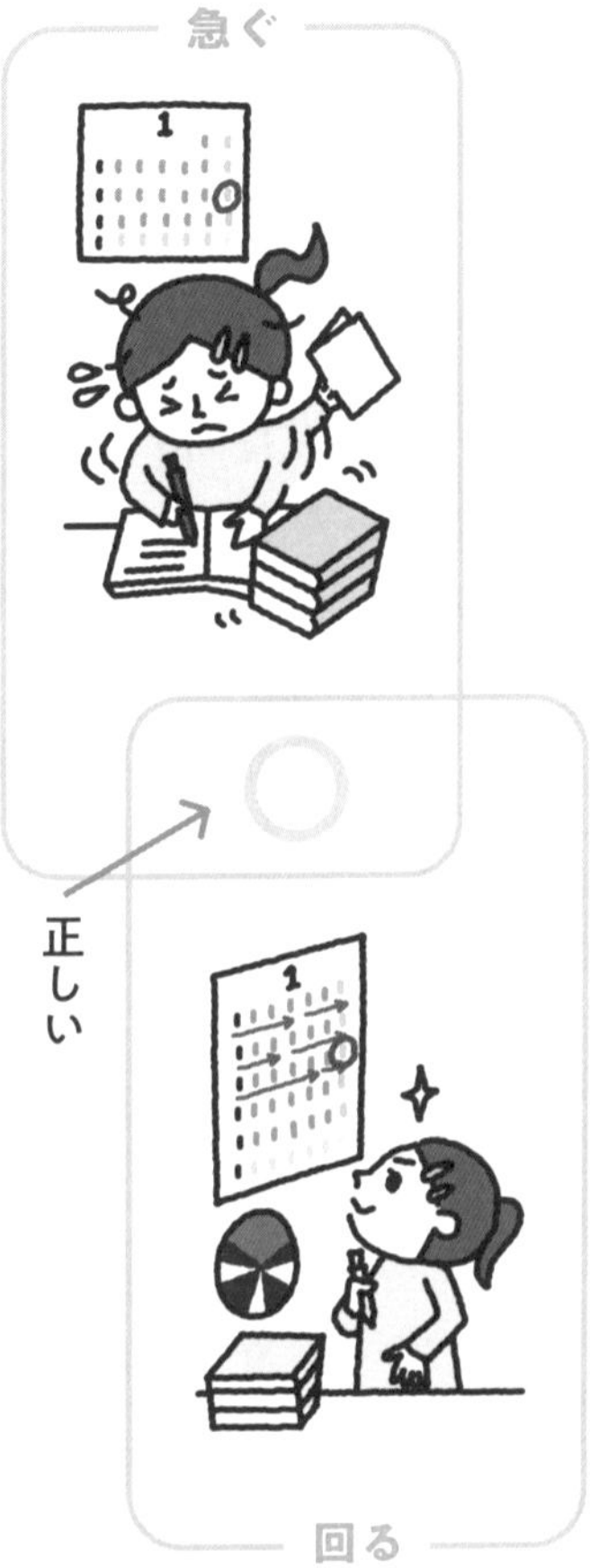

「矛盾」が正しくない文なのに対して、「逆説」は正しい文である。

「矛盾」と「逆説」は似ているけれど違うものです。まずはこの違いを理解しておきましょう。

それでは、**例題**をやってみましょう。

例題 9

次の文章を読んで、後の問いに答えよ。　2009年 法政大

① 古典的な形式論理においてかならず守られなければならない三大原理がある。ひとつは、「AはAである」という同一律ないし自同律と呼ばれる原理である。厳密な議論では、この原理にも曖昧

なところがあるものの、われわれがなんらかの判断や推理をする場合には、少なくともかならず守られるべき原理と考えられているものである。しかし、この原理を絶対のものと考えすぎると、われわれの判断や表現はつねに真か偽かのいずれかでなくてはならないことになり、いかにも窮屈なものになってしまうだろう。

② ふたつめは、矛盾律といって「ＡがＢであるとき、同時に［1］でないということはありえない」とする原理である。たとえば、ある三角形の図形を指して「これは三角形である」とは言えても、「これは円である」と言えば、矛盾になるというわけだ。たしかに、われわれの日常生活においても、行動や意識、また他人との接触のなかで、いかに矛盾を犯さないようにするか絶えず心をくだいているかがわかる。矛盾した行動や言動は、それだけでも信用を失うに十分だからだ。そのうえ、無矛盾の首尾一貫性さえ、われわれは他人にも、また自分にも要求しているのである。しかし、矛盾のいっさいない、鉄壁の一貫性に貫かれた行動や議論は、一見すると透徹した論理に裏づけられ、形式の美しささえ感じさせるものではあるが、立ち入る隙のない、自由度のきわめて低い退屈さをもっていることも確かだ。ようするに、おもしろみに欠けるということだ。

③ ところで、さきの例を譬えとしてみると、三角形の図を指差して「この三角形は、円である」という言い方も、じつはまったく不可能だというわけではなく、成り立つ場合があることがわかるだろう。それを矛盾だとして不可能にしているのは、言葉と実在とがわかちがたく一意対応していると考えるからだ。もし言葉と実在が完全に一体のものであるとするなら、三角形の円が描けないのとまったく同じ理由で、言葉としても表現できないはずだ。むしろ逆に、言葉のうえで矛盾を犯すことが可能だということは、言葉の世界が現実の世界とは切り離されていることを示しているので

ある。その証拠に、小説や詩歌など言葉をメディアとする文学作品には、そうした言葉の矛盾が無数に見られる。矛盾した表現や転倒した思索の跡があるからこそ、読むもの、聞くものに感動を与えたり不安に陥れたりといった〝精神の異化作用〟をもたらすのである。

④ そして、三大論理原則の三番目は排中律である。これは「Aは[2]であるか、あるいは[3]でないか、そのいずれかである」によって表される。つまり、あるもの[4]とその否定である非[5]とのあいだにある中間的な第三のものの存在を認めないということである。これに、真と偽の判断基準を入れると、ある事柄は真か偽かのいずれかであって、そのどちらでもないということはあり得ないということになる。

（山本雅男『ヨーロッパ「近代」の終焉』より）

問 本文中の[1]〜[5]に入る記号の組み合わせとして最も適切なものを次の①〜⑥から一つ選べ。

	1	2	3	4	5
①	A	A	B	A	A
②	A	A	A	A	A
③	B	A	A	A	A
④	A	B	B	A	B
⑤	B	B	B	B	B
⑥	B	A	B	B	B

① 古典的な形式論理においてかならず守られなければならない三大原理がある。ひとつは、「AはAである」という同一律ないし自同律と呼ばれる原理である。厳密な議論では、この原理にも曖昧なところがあるものの、われわれがなんらかの判断や推理をする場合には、少なくともかならず守られるべき原理と考えられているものである。しかし、この原理を絶対のものと考えすぎると、われわれの判断や表現はつねに真か偽かのいずれかでなくてはならないことになり、いかにも窮屈なものになってしまうだろう。

② ふたつめは、矛盾律といって「AがBであるとき、同時に[1]でないということはありえない」とする原理である。たとえば、ある三角形の図形を指して「これは三角形である」とは言えても、「これは円である」と言えば、矛盾になるというわけだ。たしかに、われわれの日常生活においても、行動や意識、また他人との接触のなかで、いかに矛盾を犯さないようにするか絶えず心をくだいているかがわかる。矛盾した行動や言動は、それだけでも信用を失うに十分だからだ。そのうえ、無矛盾の首尾一貫性さえ、われわれは他人にも、また自分にも要求しているのである。しかし、矛盾のいっさいない、鉄壁の一貫性に貫かれた行動や議論は、一見すると透徹した論理に裏づけられ、形式の美しささえ感じさせるものではあるが、立ち入る隙のない、自由度のきわめて低い退屈さをもっていることも確かだ。ようするに、おもしろみに欠けるということだ。

③ ところで、さきの例を譬えとしてみると、三角形の図を指差して「この三角形は、円である」という言い方も、じつはまったく不可能だというわけではなく、成り立つ場合があることがわかるだ

ろう。）それを矛盾だとして不可能にしているのは、言葉と実在とがわかちがたく一意対応していると考えるからだ。もし言葉と実在が完全に一体のものであるとするなら、三角形の円が描けないのとまったく同じ理由で、言葉としても表現できないはずだ。むしろ逆に《対偶》、言葉のうえで矛盾を犯すことが可能だということは、言葉の世界が現実の世界とは切り離されていることを示しているのである。その証拠に、小説や詩歌など言葉をメディアとする文学作品には、そうした言葉の矛盾が無数に見られる。矛盾した表現や転倒した思索の跡があるからこそ、読むもの、聞くものに感動を与えたり不安に陥れたりといった〝精神の異化作用〟をもたらすのである。

④そして、三大論理原則の三番目《列挙》は排中律である。これは「Aは［2］であるか、あるいは［3］でないか、そのいずれかである」によって表される。つまり、あるもの［4］とその否定である非［5］とのあいだにある中間的な第三のものの存在を認めないということである。これに、真と偽の判断基準を入れると、ある事柄は真か偽かのいずれかであって、そのどちらでもないということはあり得ないということになる。

第①段落では、「古典的な形式論理において必ず守られなければならない三大原理」というものがあると述べられます。そのひとつめが、「AはAである」という「同一律」ないし「自同律」という原理です。

第②段落と第③段落では、ふたつめの原理である「矛盾律」が挙げられます。言葉の上で「矛盾」を犯すことが可能であるということは、言葉が現実の世界から切り離されていることを示しているということです。事実、小説や詩歌などの文学作品では言葉の矛盾が見られると指摘されています。

第④段落では、三番目の原理である「排中律」が挙げられます。

ここまでを図にまとめると次のようになります。

古典的な形式論理において必ず守られなければならない三大原理

①同一律ないし自同律
②矛盾律
③排中律

解く

空欄のある文を分析して、AとBのどちらが入るかを決定していきます。

まずは、[1]から考えていきましょう。

[1]は、「矛盾律」の解説の一部ですね。「矛盾律」の具体例とともに考えていきましょう。

「AがBであるとき、同時に[1]でないということはありえない」とする原理

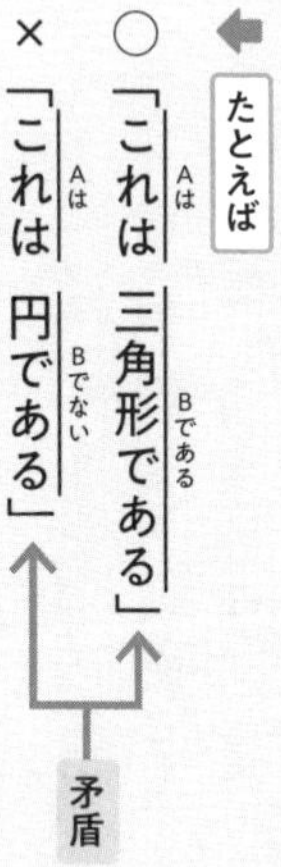

たとえば
○「これは　三角形である」
Aは
Bである
×「これは　円である」
Aは
Bでない
矛盾

⇓これは《Aは》 三角形でない《Bでない》ということはありえない

というように分析できれば、［1］には「B」が入るとわかります。

次に［2］・［3］・［4］・［5］について考えましょう

「Aは［2］であるか、あるいは［3］でないか、そのいずれかである」

＝ つまり

あるもの［4］とその否定である非［5］とのあいだにある中間的な第三のものの存在を認めない

まず、「その（＝［4］の）否定である非［5］」とあることから、［4］と［5］には同じ記号が入ることがわかります。また、［4］と［5］の前に「つまり」という言い換えの接続表現があるので、［2］と［4］は同じ記号、［3］と［5］もやはり同じ記号が入ることがわかります。

すると、実は、［2］から［5］まですべて同じ記号になることがわかります。

それでは［2］から［5］には、AとBのどちらが入るでしょうか。

「Aは［2］であるか、あるいは［3］でないか、そのいずれかである」の部分の空欄に、仮にAを入れてみましょう。「AはAであるか、あるいはAでないか、そのいずれか」という文になりますね。「AはAでない」という「矛盾」が生じてしまうので、「A」を入れるのは誤りです。

したがって、［2］から［5］に入るのはすべて「B」となります。

改めて見てみると、1から5までのすべてに「B」が入りますね。正解は⑤です。

続いて 実践問題 を解いていきましょう。

実践問題 9　次の文章を読んで、後の問いに答えよ。

2019年 早稲田大

① しばしば、若干のテクノロジーが、社会を全体として被覆する「文化」の全体を、自らの内に映し出しているという意味で、社会を代表してしまうことがある。つまり、「文化」の同一性を構成する結節点に、特定のテクノロジーが位置づけられることがあるのだ。二〇世紀にとって、自動車は、まぎれもなく、そのような特権的なテクノロジーの一つであった。だが、自動車が、二〇世紀を代表することができる、とわれわれが直観するのはなぜだろうか？

② 自動車という交通メディアは、もちろん、目的地までの移動時間を短縮するための道具として案出された。その点で、自動車は、芹沢俊介も述べているように—資本主義の精神に適合したメディアである。このような見地のもとでは、自動車を用いた移動時間は短い方がよく、できることなら完全に無化されてしまうのが望ましい。したがって、自動車はどんどん加速していく。加速していくことは、自動車に与えられている社会的使命からくる必然なのである。資本主義は、できるだけ早く目的を現在に回収しようとする運動である。このことが、自動車に加速性を要求したのだ。イリイチや山本哲士は、加速化が時間の a どころか、かえって時間の b をもたらすということを指摘して、自動車のこのような社会的あり方を批判している。第一に、加速を追求して

人々が自動車による移動（他律移動）の比率を高めていけば、都市部では自動車が密集して、かえって速やかに移動することが困難になる。そして第二に、より一層重要なことは、次のことだ。すなわち、加速化は時間の商品化を代償にして進められるが、ゆとりとは商品化されていない時間の大きさなのだから、加速化による時間の［a］はかえって時間についての［b］感の方を高めてしまうのだ。

③ だが、時代への自動車の適合性は、自動車のこのような道具的な有効性（そしてその逆説的な非有効性）からくるだけではない。やがて、自動車の運動性そのものが、それ自体として、享受されるようになっていくのだ。要するに、自動車で走るということそれ自体が、楽しい活動として自立するのである。［c］の中では、過程を省略しようとする志向が強力に働く。ところが、過程を抹消しようとすることに関心の主要な部分が傾注されている間に、次第に肝心の目的の価値が希薄化して行き、目的に道具的《インストルメンタル》に奉仕していた過程の方が、自己充足的《コンサマトリー》に消費されるようになるのである。しかし、何のためでもない自動車の運動性そのものの快楽とは、何であろうか？　自動車が遊園地と何らかの近縁性をもつのだとするならば、当然、それは、自動車で移動することの自己充足的な快楽を媒介にしているはずだ。※タクシー会社（移動の効率性の追求）が、遊園地のための仕事に事業の中心を移し、自動車の対応物を遊園地の中に生産するにいたったという事実は、資本主義的な目的追求が目的の価値を消尽してしまい、活動の重心が過程そのものに移行していく逆説的な連関を象徴しているだろう。

（大澤真幸『〈不気味なもの〉の政治学』より）

《注》

※タクシー会社（移動の効率性の追求）が、遊園地のための仕事に事業の中心を移し、自動車の対応物を遊園地の中に生産するにいたったという事実＝浅草の遊園地「花やしき」を経営している会社が、もともとタクシー会社であったことを指している。

問一　本文中の［a］・［b］（それぞれ二か所ある）に入る語句の組み合わせとして最も適切なものを次の①～④から一つ選べ。

① a 欠乏　b 剰余
② a 剰余　b 浪費
③ a 浪費　b 節約
④ a 節約　b 欠乏

問二　本文中の［c］に入る表現として最も適切なものを次の①～④から一つ選べ。

① 目的を現在化しようとする切迫
② 快楽を最大化しようとする衝動
③ 結果を可視化しようとする要求
④ 時間を商品化しようとする思惑

問三　傍線部「自動車が遊園地と何らかの近縁性をもつ」とあるが、その理由として最も適切なものを次の①～④から一つ選べ。

① 自動車も遊園地も代表的な二〇世紀のテクノロジーであり、共通した革新的な技術が用いられているから。

② 自動車も遊園地も短期間で次々とリニューアルを繰り返すことにより、新奇性を追い求める二〇世紀の象徴的な存在であるから。

③ 自動車も遊園地も速さやスピード感を志向し、何かの手段としてよりもその運動性そのものが追求されるようになるから。

④ 自動車も遊園地も人々の新しい生活のスタイルを創出し、休日や郊外と結びついた娯楽の誕生に寄与するものであるから。

読む

1 しばしば、若干のテクノロジーが、社会を全体として被覆する「文化」の全体を、自らの内に映し出しているという意味で、社会を代表してしまうことがある。つまり、「文化」の同一性を構成する結節点に、特定のテクノロジーが位置づけられることがあるのだ。二〇世紀にとって、自動車は、まぎれもなく、そのような特権的なテクノロジーの一つであった。だが、自動車が、二〇世紀を代表することができる、とわれわれが直観するのはなぜだろうか？

2 自動車という交通メディアは、もちろん、目的地までの移動時間を短縮するための道具として案出された。その点で、自動車は、芹沢俊介も述べているように――資本主義の精神に適合したメディアである。このような見地のもとでは、自動車を用いた移動時間は短い方がよく、できることなら完全に無化されてしまうのが望ましい。したがって、自動車はどんどん加速していく。加速していくことは、自動車に与えられている社会的使命からくる必然なのである。資本主義は、できるだけ早く目的を現在に回収しようとする運動である。このことが、自動車に加速性を要求したのだ。イリイチや山本哲士は、加速化が時間の［a］どころか、かえって時間の［b］をもたらすということを指摘して、自動車のこのような社会的あり方を批判している。第一に、加速を追求して人々が自動車による移動（他律移動）の比率を高めていけば、都市部では自動車が密集して、かえって速やかに移動することが困難になる。そして第二に、より一層重要なことは、次のことだ。すなわち、加速化は時間の商品化を代償にして進められるが、ゆとりとは商品化されていない時間の大きさなのだから、加速化による時間の［a］はかえって時間についての［b］感の方を高めてしまうのだ。

第①段落では、「若干のテクノロジーが社会を代表してしまうことがある」と述べたうえで、「自動車」が二〇世紀の社会を代表するテクノロジーだとしています。そして、4行目で「だが」と転換して、「自動車が二〇世期を代表することができる、とわれわれが直観するのはなぜだろうか？」と問題提起していきます。ここより後は、その根拠をとらえることを意識しながら読んでください。

覚醒Check!▶問題提起

第②段落では、「自動車は目的地までの移動時間を短縮するための道具」だと説明されます。「資本主義」は「できるだけ早く目的を現在に回収しようとする運動」であるため、自動車に加速性を要求しました。ところが、「加速を追求して人々が自動車による移動（他律移動）の比率を高めていけば、都市部では自動車が密集して、かえって速やかに移動することが困難になる」ということが起こりました。

これについては、次の第③段落で「**逆説的な非有効性**」と表現されます。

ここまでを図にまとめると、次のようになります。


資本主義＝できるだけ早く目的を現在に回収しようとする運動

⬇

目的地までの移動時間を短縮するための道具である自動車は、どんどん加速していく

⬇

加速を追求して人々が自動車による移動の比率を高めていけば、
都市部では自動車が密集して、かえって速やかに移動することが困難になる（逆説的な非有効性）

③ だが、時代への自動車の適合性は、自動車のこのような道具的な有効性（そしてその逆説的な非有効性）からくるだけではない。やがて、自動車の運動性そのものが、それ自体として、享受されるようになっていくのだ。要するに《まとめ》、自動車で走るということそれ自体が、楽しい活動として自立するのである。［c］の中では、過程を省略しようとする志向が強力に働く。ところが、過程を抹消しようとすることに関心の主要な部分が傾注されている間に、次第に肝心の目的の価値が希薄化して行き、目的に道具的《インストルメンタル》に奉仕していた過程の方が、自己充足的《コンサマトリー》に消費されるようになるのである。しかし、何のためでもない自動車の運動性そのものの快楽とは、何であろうか？　自動車が

遊園地と何らかの近縁性をもつのだとするならば、当然、それは、自動車で移動することの自己充足的な快楽を媒介にしているはずだ。（※具体例 タクシー会社（移動の効率性の追求）が、遊園地のための仕事に事業の中心を移し、自動車の対応物を遊園地の中に生産するにいたったという事実は、資本主義的な目的追求が目的の価値を消尽してしまい、活動の重心が過程そのものに移行していく逆説的な連関を象徴しているだろう。）

30

第③段落では、「だが、時代への自動車の適合性は、自動車のこのような道具的な有効性（そしてその逆説的な非有効性）からくる**だけではない**」という「**並列**」のフレームが使われます。そして、「目的の価値が希薄化していき、過程が自己充足的に消費される」とつけ加えられます。

そして、このことを「資本主義的な目的追求が目的の価値を消尽してしまい、活動の重心が過程そのものに移行していく**逆説的な連関**」と言っています。

図に表すと次のようになります。

自動車が二〇世紀（資本主義の世紀）を代表することができるのは……

A　できるだけ早く目的を達成しようとして自動車を使う人が増えた結果、都市部では自動車が密集して、かえって速やかに移動することが困難になる（逆説的な非有効性）

＋　だけではない

B　資本主義的な目的追求が目的の価値を消尽してしまい、活動の重心が過程そのものに移行していく（逆説的な連関）

解く

問一　空欄を含む一文を分析して、本文で解答の根拠を探す。

空欄を含む文に「**逆説**」のフレームが使われていることに注意しながら考えていきましょう。

本文11行目のここから！

> イリイチや山本哲士は、加速化が時間の［a］どころか、**かえって**時間の［b］をもたらすということを指摘して、自動車のこのような社会的あり方を批判している。第一に、《列挙》加速を追求して人々が自動車による移動（他律移動）の比率を高めていけば、都市部では自動車が密集して、**かえって**速やかに移動することが困難になる。

本文16行目のここから！

> ゆとりとは商品化されていない時間の大きさなのだから、加速化による時間の［a］は**かえって**時間についての［b］感の方を高めてしまうのだ。

「**逆説**」のフレームなので、「普通に考えるとAになるが、**かえって**反対のBになる」というカタチであることがわかりますね。

ここまでの本文で、移動時間を短くするために自動車はどんどん加速してきたと書かれていました。移動時間を「短縮」することは、つまり時間を「節約」することですね。

正解は、④「a節約　b欠乏」となります。時間を「節約」したのに、反対に時間の「欠乏」がもたらされたのです。

少し補足すると、13行目の「第一に」の部分で述べられているのは、自動車が密集しすぎて渋滞が起こっているということです。また、15行目の「そして第二に」以降では、時間が「商品」と考えられるようになったことについて書かれています。本来、「ゆとり」というものは、そのような考え方から外れるものであり、むしろ、「商品」のように扱われないからこそ「ゆとり」と呼べたわけです。自動車の加速によって時間が「商品」として扱われ続ければ、当然、「ゆとり」はなくなります。そのような状況で、「ゆとり」の時間が足りないと感じることを「欠乏感」と表現しているのです。

①は、「a欠乏　b剰余」となっていますが、「加速化すると、普通は時間が余る（剰余）」はずなので、逆説になりません。

②は、「a剰余」はよいのですが、「b浪費」が誤りです。「浪費」は無駄使いですが、「かえって」の後は「時間がなくなる」という意味にならなくてはいけません。

③の「a浪費　b節約」は、両方とも誤りです。

問二　空欄を含む一文を分析して、本文で解答の根拠を探す。

まずは、c を含む一文を分析しましょう。

本文22行目のここから！

c の中では、過程を省略しようとする志向が強力に働く。

この「過程を省略しようとする志向」と同じ内容として、10〜11行目の「できるだけ早く目的を現在に回収しようとする運動」があります。これはもちろん、「資本主義」のことですね。ということは、c にも「資本主義」の考え方に近いものが入ることになります。

正解は、①の「目的を現在化しようとする切迫」となります。「目的を現在化しようとする」とは、「目的を早く達成しようとする」ということです。だからこそ、「過程を省略する」のです。

②は、「快楽を最大化」が誤りです。「過程において自己充足的な快楽」を味わうことになるので、「過程を省略しようとする」にはつながりません。

③は、「結果を可視化」が誤りです。この説明は本文にありません。

④は、因果関係に誤りがあります。「時間を商品化しようとする思惑」があって「過程を短縮しよう」としたのではありませんね。先ほどの**問一**でも確認しましたが、過程を省略しようとする「資本主義」の中で、時間は商品化していったのでした。

問三　傍線部を含む一文を分析して、本文で解答の根拠を探す。

傍線部の理由を説明する問題です。傍線部「自動車が遊園地と何らかの近縁性をもつ」の中の「近縁性」

とは、「似ている」という意味です。したがって、「自動車」と「遊園地」の似ている点、つまり「類似」点がわかれば正解できます。「類似」は、個々の違いに目を向けるのではなく、外側の大きなフレームととらえるのでしたね。

本文25行目のここから！

しかし、何のためでもない自動車の運動性そのものの快楽とは、何であろうか？　自動車が遊園地と何らかの近縁性をもつのだとするならば、当然、それは、自動車で移動することの自己充足的な快楽を媒介にしているはずだ。

この部分は、自動車と遊園地は「自己充足的な快楽」という点において似ているということを述べています。つまり、何のためでもない自動車の運動性そのものの快楽と、何のためでもない遊園地の乗り物の運動性そのものの快楽が似ているということです。これをもとに正解を選びましょう。

正解は、③の「自動車も遊園地も速さやスピード感を志向し、何かの手段としてよりもその運動性そのものが追求されるようになるから。」です。「何かの手段としてよりもその運動性そのものが追求される」というのが「自己充足的な快楽」ですね。

①は、「革新的な技術」という部分が、②は「新奇性を追い求める二〇世紀」の部分が、④は「休日や郊外と結びついた娯楽」がそれぞれ誤りです。どれも「自己充足的な快楽」ではありません。

今回学んだ「**矛盾**」「**逆説**」は、整理の仕方を知っておかないと、頭が混乱してしまうようなとても難しいポイントです。その一方で、これらを理解できれば本文のロジックをいかして問題を解くことができます。ぜひ、混乱することなく整理できるようになってください。

覚醒ポイント

「矛盾」も「逆説」も、まずは「反対のこと」が書かれている部分を探す。そのうえで、AとBが反対の関係になっていることをいかして内容を整理しよう。

おわりに　思考のツールとしての「型《フレーム》」

最後までこの本を読んでくださったみなさん、よく頑張りましたね！

思考力を試す問題というのは、最初に取り組むときにはとても疲れるものです。今まで自然にできていた部分もあったと思いますが、全くはじめて考えた部分もあったと思います。

この本の内容をしっかり身につけたら、大学入試の問題は、たとえ難しい思考力問題であっても、根拠を持って考えることができるようになります。ぜひ何度も復習して「フレームワーク」を身につけてください。

昨今の大学入試では、「思考力」を試す問題が増えてきています。ところが、肝心の「思考力」という言葉の定義があいまいであることが、僕はずっと気になっていました。単に表やグラフをつければ「思考力」を問うことができるのか。そもそも、「思考」とは何なのか。

僕は、大学入試の現代文や小論文を教える講師という側面だけでなく、会社を経営するビジネスパーソンとしての側面も持っています。様々なビジネス書を読むなかで、課題解決のツールとして世界中で用いられている「フレームワーク」という考え方に出会いました。経営大学院では、いわゆる「ロジカルシンキング」「クリティカルシンキング」を、フレームワークとして使いこなすトレーニングがあることを知りました。

また、法科大学院適性試験や国家公務員試験の「判断推理」という試験を研究する中で、「論理的思考」を使って日常的な問題解決をするトレーニングがあるということも知りました。本書で登場する「条件法」というフレームワークは、これらの試験を受ける人であれば全員が学ぶ思考のツールなのです。

このように、大学入試現代文に限らず、幅広く様々な分野の思考トレーニングを学んだことが、本書を書くことにつながりました。

本書の読者のみなさんにも、幅広く学び、ある知識を他の分野に応用しながら考えることができるようになってもらいたいと思っています。「思考力」とは、課題を解決するために、思考のツールを正しく使いこなす力だからです。

そして、「型＝フレーム」にあてはめることを恐れないでほしいと思います。

「型」というのは、ややもすると、マイナスイメージを持たれがちな言葉です。「型にはまりたくない」「型破りに憧れる」というような、「自由」を求める気持ちは十分に理解できます。

しかし、「型＝フレーム」を身につけたら、みなさんの個性がなくなってしまうかといえば、決してそんなことはありません。フレームの中に盛り込む内容は千差万別、十人十色です。

むしろ、そのような個性的な内容をなんとかして読者に伝えたいという書き手の思いが、「フレーム」には込められています。「フレーム」というのは、「書き手が読み手に個性的な意見を伝えるために、工夫に工夫を重ねた思考の跡」なのです。

本書で身につけた「フレームワーク」が、個性豊かな書き手の考え方を読み解くための助けになることを願っています。また、「フレームワーク」を生かして、みなさんが世界を変えるような個性的なアイデアを生み出していくようになったら、これにまさる喜びはありません。

最後に、みなさんの大学合格と健康を心よりお祈りしております。

柳生好之

出典

数土直紀　『自由という服従』光文社新書
榎本博明　『〈ほんとうの自分〉のつくり方　自己物語の心理学』講談社
野口悠紀雄　『「超」集中法　成功するのは2割を制する人』講談社
宇野常寛　『日本文化の論点』筑摩書房
小笠原泰　『なんとなく、日本人　世界に通用する強さの秘密』ＰＨＰ研究所
加藤幹郎　『アニメーションの映画学』臨川書店
加藤重広　『日本人も悩む日本語』朝日新聞出版
山梨正明　『修辞的表現論　認知と言葉の技巧』開拓社
大澤真幸　『不可能性の時代』岩波書店
國分功一郎　『中動態の世界　意志と責任の考古学』医学書院
外山滋比古　『知的創造のヒント』講談社
河野哲也　『境界の現象学　始原の海から流体の存在論へ』筑摩書房
岸田秀　『幻想の未来』河出書房新社
美馬達哉　『リスク化される身体　現代医学と統治のテクノロジー』
酒井紀美　「夢の『意味』の変遷」（荒木浩編『夢と表象　眠りとこころの比較文化史』所収・勉誠出版）
水村美苗　『日本語が亡びるとき　英語の世紀の中で』筑摩書房
阪本俊生　『ポスト・プライバシー』青弓社
山本雅男　『ヨーロッパ「近代」の終焉』講談社
大澤真幸　『〈不気味なもの〉の政治学』新書館

本文デザイン・DTP　高橋明香（おかっぱ製作所）
本文イラスト　さとうさなえ
編集協力　岸智志（スタジオライティングハイ）
編集協力　佐藤洋子
カバーデザイン　西垂水敦・松山千尋（krran）
撮影　榊智朗

【著者紹介】

柳生 好之（やぎゅう・よしゆき）

◉――リクルート「スタディサプリ」現代文講師。難関大受験専門塾「現論会」代表。

◉――早稲田大学第一文学部総合人文学科日本文学専修卒業。

◉――東進ハイスクールなど大手予備校勤務やＺ会東大京大コース問題制作を経て、リクルート「スタディサプリ」に参加。東大・京大・早大・難関国公立大・難関私立大・大学入学共通テストなどの受験対策講座を多数担当している。

◉――「文法」「論理」という客観的ルールに従った読解法を提唱し、誰でも最短で現代文・小論文ができるようになる授業を行う。その極めて再現性の高い読解法により、東大など最難関大学を志望する受験生から現代文が苦手な受験生まで、幅広く支持されている。

◉――自身が代表を務める難関大受験専門塾「現論会」では、「最小の努力で、最大の結果を。」を教育理念に掲げ、オンライン映像授業や参考書などの効果的な活用方法を指導。志望校合格に向かって伴走するコーチング塾として、全国の受講生から高い評価を獲得している。

◉――主な著書に、『大学入試問題集 柳生好之の現代文ポラリス１基礎レベル・２標準レベル』『大学入試 柳生好之の現代文プラチナルール』（ともにKADOKAWA）、『完全理系専用 スペクトル看護医療系のための小論文』（技術評論社）などがある。本書は、現代文超入門書の決定版となった『ゼロから覚醒 はじめよう現代文』（かんき出版）の待望の続編である。

現論会　https://genronkai.com/

ゼロから覚醒《かくせい》Next フレームで読《よ》み解《と》く現代文《げんだいぶん》

2021年３月12日　第１刷発行
2024年５月28日　第５刷発行

著　者――柳生　好之
発行者――齊藤　龍男
発行所――株式会社かんき出版
東京都千代田区麴町4-1-4 西脇ビル　〒102-0083
電話　営業部：03(3262)8011㈹　編集部：03(3262)8012㈹
FAX　03(3234)4421　振替　00100-2-62304
https://kanki-pub.co.jp/

印刷所――大日本印刷株式会社

 ISBN978-4-7612-3033-3 C7081